Liebe & Napalm:

Export USA

J.G. Ballard

Liebe & Napalm: Export USA

Aus dem Englischen von
Carl Weissner

DIAPHANES

1

Die Schreckensgalerie

Apokalypse. Einmal im Jahr wurden die Arbeiten der Patienten in der Turnhalle der Anstalt ausgestellt. Was dieser Ausstellung – zu der die Patienten keinen Zutritt hatten – eine beunruhigende Note verlieh, war die Tatsache, dass sich von Jahr zu Jahr mehr Arbeiten mit dem Thema des Weltuntergangs beschäftigten. Fast schien es, als hätten diese Patienten in ihrer jahrelangen Isolation so etwas wie eine seismische Veränderung in den Köpfen ihrer Ärzte und Pfleger entdeckt. Während Catherine Austen durch die Ausstellung ging, wurde sie von diesen bizarren Bildern mit ihrer Fusion von Eniwetok und Lunapark, Freud und Elizabeth Taylor, an die Dias von spinalen Querschnitten erinnert, die sie in Travis' Büro gesehen hatte. Sie hingen an den glasierten Wänden wie Chiffren einer rätselhaften Gleichung, wie Codesignale eines Albtraums, in dem sie allmählich eine immer bereitwilligere und bewusstere Rolle spielte. Als sie Dr. Nathan auf sich zukommen sah, knöpfte sie leicht irritiert ihren weißen Arztkittel zu. »Ah, Dr. Austen…«, sagte er und hielt sich eine Zigarette mit goldenem Mundstück unter die Nase. »Was halten Sie davon? Wie ich sehe, ist in unserer Hölle der Krieg ausgebrochen.«

Anmerkungen zu einem Nervenzusammenbruch. In Travis' Büro hörte man verschwommen die Geräusche aus dem darunter gelegenen Vortragssaal, wo gerade Filme über künstlich erzeugte Psychosen vorgeführt wurden. Travis stand mit dem Rücken zum Fenster an seinem Schreibtisch und ordnete die Dokumente, die er während der vergangenen Monate unter großen Mühen zusammengetragen hatte: (1) Spektroheliogramm der Sonne, (2) Frontalansicht und Erhöhungswinkel der Balkoneinheiten des London Hilton, (3) Querschnitt durch einen präkambrischen Trilobit, (4) »Chronogramme«, von E. J. Marey, (5) ein Foto des Sandmeeres in der Qattara-Senke (Ägypten), aufgenommen um die Mittagszeit des 7. August 1945, (6) eine Reproduktion von Max Ernsts »Garden Airplane Traps«, (7) eine schematische Darstellung der Zündmechanismen von »Little Boy« und »Fat Boy«, den beiden Atombomben auf Hiroshima und Nagasaki. Als er fertig war, drehte sich Travis um und schaute aus dem Fenster. Wie gewöhnlich hatte der weiße Pontiac noch eine Lücke auf dem überfüllten Parkplatz vor dem Haus gefunden. Die beiden Insassen beobachteten ihn durch die bläulich und braun getönte Windschutzscheibe.

Landschaften des Inneren. Während er sich dazu zwang, seine Hand ruhig zu halten, sah sich Travis den schmalschultrigen Mann, der ihm gegenübersaß, etwas näher an. Durch die Milchglasscheibe über der Tür drang schwaches Licht aus dem leeren Korridor in das verdunkelte Büro. Das Gesicht des Mannes war halb verdeckt von dem Schirm seiner Fliegermütze, aber Travis erkannte die vernarbten Gesichtszüge des Bomberpiloten, dessen Fotos – aus mehreren Heften von *Newsweek* und *Paris Match* herausgerissen – überall auf dem Fußboden des schäbigen Hotelzimmers am Earls Court gelegen hatten. Der Mann starrte Travis an, wobei er sich offensichtlich anstrengen musste, seine Augen auf einen Punkt zu konzentrieren. Aus irgendeinem Grund stimmten die Segmente seines Gesichts nicht zueinander; sie schienen sich erst in einer anderen, vorerst noch unsichtbaren Dimension zu vereinigen; oder aber ihre Vereinigung erforderte über seine Persönlichkeit und seine Muskulatur hinaus noch andere Elemente. Was mochte ihn dazu bewogen haben, ins Hospital zu kommen und unter den dreißig

Ärzten ausgerechnet Travis aufzusuchen? Travis hatte versucht, mit ihm zu sprechen, aber der Mann hatte immer nur geschwiegen und wie eine lädierte Schaufensterpuppe neben dem Instrumentenschrank gestanden. Sein noch unreifes, aber bereits frühzeitig gealtertes Gesicht schien so starr wie eine Gipsmaske. Seit Monaten hatte nun Travis diese einsame Gestalt mit den eingefallenen Schultern unter der ledernen Fliegerjacke gesehen, in zahllosen Wochenschauberichten, als Statist in Kriegsfilmen und schließlich als Patient in einem ausgesprochen elegant gemachten Lehrfilm über Nystagmus (Augenzittern) – und diese Serie von übergroßen geometrischen Schaubildern, die wie Ausschnitte abstrakter innerer Landschaften wirkten, hatte ihm die beunruhigende Gewissheit verschafft, dass es nun bald zu ihrer längst fälligen Konfrontation kommen würde.

Der Truppenübungsplatz. Am Ende der Straße stieg Travis aus dem Wagen. Vor sich sah er im grellen Sonnenlicht den Drahtverhau des äußeren Verteidigungsringes, dahinter eine verrostete Wellblechbaracke und die von zahllosen Einschlägen zerschrammten Betondecken der unterirdischen Bunker. Er durchquerte den Graben und ging auf den Verhau zu. Nach längerem Suchen entdeckte er einen Durchlass. Durch das Gras zog sich eine alte, rissige Landebahn. Gegen die Sonne konnte er in einiger Entfernung zwischen den Tarnmustern der Türme und Bunkeranlagen undeutlich einige vertraute Konturen erkennen: Designs eines Gesichts, einer Körperhaltung, eines Netzes von Nervensträngen. Ein einzigartiges Ereignis bereitete sich hier vor. Unwillkürlich formte Travis die Worte »Elizabeth Taylor«. Plötzlich heulte eine Granate über ihn hinweg.

Bewusstseinsspaltung: Was gab es in Nagasaki zu lachen? Travis rannte über die rissige Betonfläche auf den Drahtverhau zu. Durch die Bäume stieß mit dröhnendem Motor der Helikopter auf ihn herab; seine Rotoren wirbelten dichte Schwaden von Blättern und Papierabfällen auf. Zwanzig Schritte vom Drahtverhau entfernt verfing sich Travis in den Stacheldrahtrollen und stürzte. Der Helikopter wurde scharf abgefangen; man sah, wie der Pilot durch den plötzlichen Druck nach vorn geworfen wurde. Während Travis weiterrannte, zuckten rings um ihn herum die Schatten der immer wieder herabstoßenden Maschine wie geheimnisvolle Idiogramme auf. Dann drehte der Helikopter ab und flog über die Bunker davon. Als Travis den Wagen erreichte und sich bückte, um seine aufgeschürften Knie zu betasten, sah er die junge Frau im weißen Kleid die Straße entlanggehen. Sie wandte ihm ihr entstelltes Gesicht zu und sah ihn mit nachdenklichen Augen an. Travis wollte ihr gerade etwas zurufen, als er von einem plötzlichen Brechreiz gepackt wurde; er warf sich vornüber auf das Verdeck des Wagens und erbrach seinen ganzen Mageninhalt.

Todessequenzen. Während dieser kurzen Zeitspanne, als er auf dem Rücksitz des Pontiac saß, beschäftigte Travis der Gedanke an all die Dinge, die ihn nun von einem normalen Leben trennten, wie er es so lange geführt hatte. Seine Frau, die Patienten in der Anstalt (zukünftige Kader des Widerstands in dem »Weltkrieg«, den er zu entfesseln hoffte), sein ungeklärtes Verhältnis zu Catherine Austen – all das erschien ihm so fragmentiert wie die überlebensgroßen Porträts von Elizabeth Taylor und Sigmund Freud an den Plakatwänden entlang der Straße, so unwirklich wie der Krieg in Vietnam, den die Filmgesellschaften nun von neuem in Gang gebracht hatten. Je tiefer er in diese Psychose geriet, deren erste Anzeichen er während seiner einjährigen Tätigkeit am Hospital festgestellt hatte, desto mehr begrüßte er diese Reise in die Dämmerzonen eines vertrauten Landes. *Sie fuhren die ganze Nacht hindurch und erreichten im Morgengrauen die Vorstädte der Hölle. Der fahle Lichtschein der Raffinerien spiegelte sich auf dem nassen Kopfsteinpflaster. Niemand würde sie dort bei ihrer Ankunft erwarten.* Seine beiden Begleiter – am Steuer der Bomberpilot in seiner verblichenen Fliegerkluft, und neben ihm die attraktive junge Frau mit den Strahlenverbrennungen – sprachen während der ganzen Fahrt kein Wort mit ihm. Hin und wieder wandte sich die junge Frau mit einem schwachen Lächeln um ihren deformierten Mund zu ihm um. Travis, der zögerte, sich ihr anzuvertrauen, vermied es bewusst, darauf zu reagieren. Wer waren sie, diese seltsamen Zwillinge, diese Abgesandten seines eigenen Unterbewusstseins? Stundenlang fuhren sie durch die endlosen Vororte der Stadt. Immer zahlreicher wurden die Plakatwände zu beiden Seiten der Straße, überdimensionale Abbildungen von Napalm-Bombardements in Vietnam und den Todessequenzen von Elizabeth Taylor und Marilyn Monroe, terrassenförmig eingestuft in die Landschaften von Dien Bien Phu und dem Mekong-Delta.

Der Verband der Kriegsgeschädigten. Auf Anraten der jungen Frau trat Travis dem VdK bei und übte zusammen mit einer Gruppe von dreißig Hausfrauen das Simulieren von Kriegsverletzungen. Später wurden sie dann mit den Vorführteams des Roten Kreuzes auf Tournee gehen. Schwere Hirnverletzungen sowie Unterleibsblutungen als Folge von Verkehrsunfällen ließen sich unter Verwendung entsprechend gefärbter Harze täuschend echt darstellen und erforderten einen Zeitaufwand von höchstens 30 Minuten. Größere Umstände verursachte das fachmännische Auftragen von Strahlenverbrennungen; hier musste man für das Make-up drei bis vier Stunden ansetzen. Tod dagegen erforderte nichts weiter, als dass man regungslos am Boden lag. Sie hatten ein Appartement gemietet, von dem man einen Blick auf den Zoo hatte. Dort wusch sich Travis nach dem Training das Make-up der simulierten Verletzungen vom Gesicht und von den Armen. Diese eigenartige Pantomime, überlagert vom Gestank aus den Raubtierzwingern an diesem schwülen Sommerabend, schien keinen anderen Zweck zu haben als den, seine beiden Begleiter zufriedenzustellen. Im Spiegel des Badezimmers sah er hinter sich im Flur die hagere Gestalt des Piloten, sein schmales Gesicht mit den gedankenverlorenen Augen halb verdeckt von der Schirmmütze, und daneben die junge Frau im weißen Kleid. Beide beobachteten ihn schweigend. In den intelligenten Gesichtszügen der jungen Frau zeigte sich gelegentlich ein plötzlicher nervöser Reflex offener Feindseligkeit. Beunruhigt stellte Travis fest, dass er fast ständig an sie denken musste. Wann würde sie endlich etwas zu ihm sagen? Vielleicht erkannte sie aber auch wie er, dass alle Entscheidungen, die ihn betrafen, auf einer anderen Ebene getroffen wurden…

Piratensender. Es gab eine Anzahl geheimer Sendungen, die Travis regelmäßig abhörte: (1) Rückenmark: Bilder von Dünen und Kratern; ausgetrocknete Teiche, von Flugasche zugeweht, mit den terrassenförmig eingearbeiteten Gesichtern von Freud, Eatherly und Garbo; (2) Thorax: die rostigen U-Boot-Wracks auf dem Strand der Bucht von Tsingtao in der Nähe der zerstörten deutschen Befestigungsanlagen, auf deren Wänden die chinesischen Reiseführer die blutigen Abdrücke ihrer Hände hinterließen; (3) Sakralgegend: V. J.-Day; bei Nacht die Körper der gefallenen japanischen Soldaten in den Reisfeldern. Als er am nächsten Tag wieder nach Shanghai ging, pflanzten die Bauern zwischen den Leichen bereits wieder Reis. Erinnerungen und Botschaften, von anderen ausgestrahlt, die in ihrem Zusammenwirken den Brennpunkt seiner eigenen Vorstellungen und Gedanken verschoben. Im Eingang zu seinem Appartement waberte das tote Gesicht des Bomberpiloten wie das Emblem des Unbekannten Soldaten aus dem Dritten Weltkrieg. Es hatte auf Travis eine lähmende, auszehrende Wirkung.

Marey's Chronogramme. Dr. Nathan reichte Margaret Travis die Abbildung über seinen Schreibtisch. »Marey's Chronogramme sind mehrfach belichtete Aufnahmen, in denen das Element der Zeit sichtbar wird – der Gang einer menschlichen Gestalt zum Beispiel erscheint als eine Serie von dünenartigen Erhebungen.« Dr. Nathan ließ sich von Catherine Austen, die von dem Brutkasten im Hintergrund des Büros herbeigeeilt war, eine Zigarette geben. Ohne auf ihren fragenden Gesichtsausdruck zu achten, fuhr er fort: »Die brillante Leistung Ihres Gatten bestand darin, diesen Prozess umzukehren. Er benutzte Fotografien von ganz alltäglichen Gegenständen und Erscheinungen – dieses Büro beispielsweise, die New Yorker Skyline, ein nackter Frauenkörper oder das Gesicht eines katatonischen Patienten. Diese Aufnahmen behandelte er so, als seien sie bereits Chronogramme; und nun *extrahierte* er aus ihnen das Element der Zeit.« Dr. Nathan machte eine Pause und zündete sich umständlich seine Zigarette an. »Das Ergebnis war äußerst bemerkenswert. Eine völlig andere Welt kam zum Vorschein. Die vertrauten Erscheinungen unseres Lebens, selbst unsere geringfügigsten Gesten, erhielten eine vollkommen andere Bedeutung. Nehmen wir zum Beispiel die Pose eines Filmstars, oder dieses Hospital…«

»**War mein Mann nun eigentlich Arzt oder Patient?**« Dr. Nathan nickte nachsichtig und blickte über seine zusammengelegten Fingerspitzen zu Catherine Austen hinüber. Was Travis wohl in diesen Augen, in diesen erschreckenden Tiefen der Zeit gesehen hatte?

»Mrs. Travis, ich bin mir nicht sicher, ob diese Frage jetzt noch sinnvoll ist. Bei diesen Dingen haben wir es mit einer ganz anderen Art von Relativität zu tun. Was uns jetzt beschäftigt, sind die Implikationen – vor allem der Komplex von Vorstellungen und Ereignissen, die den Dritten Weltkrieg betreffen. Und zwar nicht die Frage nach der politischen und militärischen Wahrscheinlichkeit eines solchen Krieges, sondern die Frage nach der wesensmäßigen Identität hinter einer solchen Vorstellung. Für uns hat die Vorstellung von einem Dritten Weltkrieg vielleicht eher etwas mit einem abgründigen Pop-Art-Display gemein, für Ihren Gatten dagegen drückt sich darin das Versagen seiner Psyche aus, ihr eigenes Bewusstsein zu akzeptieren, und darüber hinaus verkörpert sie für ihn seine Revolte gegen das bestehende Raum-Zeit Kontinuum. Dr. Austen wird mir hier vielleicht widersprechen, aber mir scheint, dass es seine Absicht ist, den Dritten Weltkrieg auszulösen – freilich nicht im üblichen Sinne des Wortes: die Blitzkriege werden auf den Schlachtfeldern unseres Hypothalamus ausgetragen werden, in den Körperstellungen, die wir einnehmen, und in unseren Traumata, die wir in den Erhöhungswinkeln einer Wand oder eines Balkons nachgeahmt sehen.«

Zoom-Linse. Dr. Nathan hielt inne. Widerstrebend bewegten sich seine Augen zu der Spiegelreflexkamera, die auf einem Stativ neben der ledernen Couch stand. Wie konnte er dieser feinfühligen und reservierten Frau begreiflich machen, dass ihr eigener Körper mit seiner restlos vertrauten Geometrie und den taktilen Landschaften seiner Empfindungen ihre einzige Verteidigung gegen die nur allzu deutlichen Absichten ihres Mannes war? Und vor allem: wie konnte er sie dazu bewegen, ihm für eine Serie von Aufnahmen Modell zu stehen, die sie zweifellos als obszön empfinden würde?

Das Haut-Areal. Nach ihrem Treffen auf der Ausstellung von Kriegsverletzungen im neuen Konferenzsaal der Royal Society of Medicine kehrten Travis und Catherine Austen in das Appartement am Zoo zurück. Im Lift machte sie den Versuch, ihn zu küssen, aber er wich ihr aus. Als sie oben waren, führte er sie ohne Umschweife ins Schlafzimmer. Mit einem leicht indignierten Zug um den Mund sah sie sich den Satz Enneper-Modelle an, die er ihr zeigte. »Was ist das?« Sie strich mit den Fingerspitzen über die ineinandergefügten Würfel und Kegel – mathematische Modelle des Pseudo-Raums. »Zündmechanismen, Catherine... für eine Höllenmaschine.« Ihr Geschlechtsakt, wenig später, war eine hastig zelebrierte Kulthandlung, diktiert von den Abmessungen und räumlichen Proportionen des Appartements. In den Stellungen, die sie einnahmen, in den Konturen von Hüfte und Brustkorb, erforschte Travis die Geometrie und volumetrische Zeit des Schlafzimmers, dann die des Kuppelbaues der Festival Hall und der hervorstehenden Balkoneinheiten an der Fassade des London Hilton, und schließlich die des verlassenen Truppenübungsplatzes. Hier wurden die kreisrunden Markierungen der Zielflächen in Travis' Vorstellung identisch mit den Brüsten, die sich unter dem Kleid der jungen Frau mit den Strahlenverbrennungen abzeichneten. Auf der Suche nach ihr fuhr er mit Catherine Austen bei Anbruch der Dämmerung durch die düsteren Randgebiete der Stadt, und bald hatten sie in dem Labyrinth von Plakatwänden die Orientierung verloren. Die Gesichter von Sigmund Freud und Jeanne Moreau beherrschten ihre letzten gemeinsamen Stunden.

Neoplasma. Später, auf der Flucht vor Catherine Austen und der unheilvollen Gestalt des Bomberpiloten (der ihn neuerdings vom Dach des Löwenzwingers aus beobachtete), fand sich Travis in einem kleinen Vorstadthaus zwischen den Wassertanks von Staines und Shepperton wieder. Er saß in dem leeren Wohnzimmer, dessen weit geöffnete Flügeltüren den Blick auf einen verwilderten Garten freigaben. Seine Nachbarin, eine krebskranke Frau in mittleren Jahren, die den weißen Bungalow auf dem angrenzenden Grundstück bewohnte, beobachtete ihn während der langen Sommernachmittage. Hinter den durchbrochenen Gardinen wirkte ihr immer noch anziehendes Gesicht wie eine Totenmaske. Den ganzen Tag ging sie in ihrem kleinen Schlafraum auf und ab. Gegen Ende des zweiten Monats, als die Besuche des Hausarztes immer häufiger wurden, zog sie sich am offenen Fenster aus, und durch die dünnen Vorhänge sah man deutlich, wie ausgezehrt ihr Körper war. Jeden Tag, wenn er sie so aus seinem Zimmer beobachtete, entdeckte er einen neuen Aspekt ihres zerfurchten und verwüsteten Körpers; die schwarzen Brüste erinnerten ihn an die Augen des Bomberpiloten, die Operationsnarben an ihrem Unterleib glichen den Strahlenverbrennungen der jungen Frau. Nach ihrem Tod folgte er im weißen Pontiac dem Trauerzug, der sich zwischen den Wassertanks hindurch bewegte.

Die verlorene Symmetrie der Blastosphäre. »Die Tatsache, dass er sich dagegen sträubt, sein eigenes Bewusstsein zu akzeptieren«, schrieb Dr. Nathan, »reflektiert möglicherweise gewisse Positionsschwierigkeiten im unmittelbaren Bezug auf Raum und Zeit. Die rechtwinklig gebrochene Spirale eines Treppenhauses mag ihn an vergleichbare Strukturen in der Chemie des lebenden Organismus erinnern. Eine solche Vorstellung lässt sich außerordentlich erweitern – zum Beispiel identifiziert er das Muster der Balkonvorsprünge am London Hilton mit den im Laufe der Evolution verloren gegangenen Kiemenschlitzen der sterbenden Filmschauspielerin Elizabeth Taylor. Viele von Travis' Überlegungen beschäftigen sich mit der – wie er es nennt – verlorenen Symmetrie der Blastosphäre, dem primitiven

Vorläufer des Embryos als letzter Struktur, in der die vollkommene Symmetrie aller Ebenen noch bewahrt ist. Travis ist der Gedanke gekommen, unsere Körper könnten die verborgenen Rudimente einer Symmetrie enthalten, die nicht nur an der vertikalen, sondern auch an der horizontalen Achse ausgerichtet ist. Man wird erinnert an Goethes Vorstellung, dass der Schädel aus modifizierten Vertebrae geformt ist – und dass in ähnlicher Weise der Knochenbau des Beckens der Rest eines einstigen Sakralschädels ist. Die Ähnlichkeit zwischen den Histologien der Lunge und der Nieren ist schon früher festgestellt worden. Man wird auch an andere Korrespondenzen von respiratorischer und urogenitaler Funktion erinnert – verkörpert sowohl in landläufigen Mythologien (die angebliche Äquivalenz in der Größe der Nase und des Penis) als auch in psychoanalytischen Symbolismen (›Augen‹ als Code für ›Hoden‹). Abschließend lässt sich sagen: Es hat den Anschein, als ob Travis' außerordentlich sensibles Reagieren auf die Geometrie und die räumlichen Proportionen seiner Umwelt – und deren unmittelbare Übersetzung in den psychologischen Bereich – einen verspäteten Versuch darstellt, zu einer symmetrischen Welt zurückzufinden; einer Welt, in der die vollkommene Symmetrie der Blastosphäre wiederhergestellt ist – mit anderen Worten: eine Übernahme der ›Mythologie der Amniotischen Rückkehr‹. In seiner Vorstellung repräsentiert der Dritte Weltkrieg die endgültige Selbstzerstörung einer asymmetrischen Welt, die letzten selbstmörderischen Zuckungen der rechtsdrehenden DNA-Helix. Der menschliche Organismus ist eine Schreckensgalerie, in der er sich in der Rolle des unfreiwilligen Betrachters wiederfindet…«

Eurydike auf einer Gebrauchtwagenschau. Margaret Travis blieb in dem menschenleeren Foyer des Kinos stehen und sah sich die Fotos in den Schaukästen an. Im schwachen Licht neben dem Eingang zum Saal sah sie die dunkelgekleidete Gestalt von Captain Webster. Die letzten Wochen waren ein Albtraum für sie gewesen – Webster mit seinen obszönen Fragen und seiner Kamera mit dem Teleobjektiv. Es schien ihm ein unverhohlenes Vergnügen zu bereiten, aus der Beobachtung und Analyse ihrer Person gleichsam im Alleingang einen zweiten Kinsey-Report zusammenzustellen... Körperstellungen und -ebenen, wo und wann Travis ihren Körper berührt hatte – warum fragte er nicht Catherine Austen? Und dann dieser Tick von ihm, riesenhafte Vergrößerungen dieser Fotos an Plakatwände zu kleben, angeblich um sie vor Travis zu retten... Sie betrachtete die ausgestellten Filmfotos, Standaufnahmen aus jenem kunstvollen und poetischen Film, in dem Cocteau all die Mythen seiner eigenen Rückkehr vereinigt hatte. Aus einem plötzlichen Impuls, Webster zu ärgern, trat sie durch die Seitentür hinaus und entfernte sich rasch. Auf ihrem Weg kam sie an einem eingezäunten Grundstück vorbei, auf dem Gebrauchtwagen mit Nummern an den Windschutzscheiben standen. Vielleicht würde sie hier ihren Abstieg in die Unterwelt machen. Eurydike auf einer Gebrauchtwagenschau?

Die KZ-Stadt. In der Kühle der Nacht passierten sie die rußgeschwärzten Betonklötze der Bunkeranlagen und Türme, zur Hälfte im Schutt versunkene Blockhäuser, gigantische Kanalisationsrohre voller Autoreifen, Fußgängerbrücken, die sich über aufgebrochene Straßen spannten. Travis folgte dem Bomberpiloten und der jungen Frau über den verwaschenen Schotter. Sie stolperten über die bloßgelegten Fundamente einer Wachbaracke auf dem Schießplatz. Im flackernden Lichtschein der Raffinerien ging Travis durch die Vororte der Hölle. An den Straßenecken standen die Ruinen ausgebombter Filmtheater; verblichene Plakatwände säumten die leeren Straßen. Auf einem Autofriedhof entdeckte er das ausgebrannte Wrack des weißen Pontiac. Er irrte weiter durch die menschenleeren Vorstädte. Die abgestürzten Bomber lagen unter den Bäumen; Gras wuchs durch ihre zerfetzten Flügel. Der Bomberpilot half der jungen Frau in ein Cockpit. Travis begann, auf dem Beton der Zielfläche einen Kreis zu markieren.

Wie die Garbo starb. »Der Film ist ein einzigartiges Dokument«, erklärte Webster, während er Catherine Austen in den Vorführraum im Erdgeschoss führte. »Auf den ersten Blick sieht er aus wie ein merkwürdiger Wochenschaustreifen von den neuesten Tableau-Skulpturen; er zeigt einige Gipsmodelle von Filmstars und Politikern in bizarren Posen; wie die Modelle gemacht wurden, können wir nicht feststellen; es scheint aber, als seien sie von den lebenden Originalen abgenommen worden; L.B.J. und Mrs. Johnson, Burton und die Taylor; es gibt sogar eines von der sterbenden Garbo. Man hat uns sofort gerufen, als man den Filmstreifen entdeckte.« Er gab dem Mann im Vorführraum ein Zeichen. »Einer der Gipsabgüsse ist von Margaret Travis – ich will ihn nicht näher beschreiben, aber Sie werden sehen, weshalb wir besorgt sind. Übrigens, ich höre, dass man gestern eine Touring-Version des ›Dodge 38‹ von Kienholz in voller Fahrt auf einer Autostraße gesehen hat; ein weißes Wrack, auf dessen Rücksitz die Plastikpuppen eines Piloten aus dem Dritten Weltkrieg und eines Mädchens mit Verbrennungen im Gesicht, inmitten weggeworfener Bubblegum-Bilderserien aus dem Krieg und leerer Packungen von Antibabypillen, beim Geschlechtsakt zu sehen waren.«

Kampfzone D. Auf seinem Weg über den Parkplatz hielt Dr. Nathan inne und schirmte mit dem rechten Arm seine Augen gegen das grelle Sonnenlicht ab. Während der vergangenen Woche war eine ganze Serie riesiger Plakatwände an den Straßen rings um das

Hospital aufgestellt worden, so dass das Gebäude fast darin verschwand. Eine Gruppe von Arbeitern auf einem fahrbaren Gerüst war gerade dabei, die letzten Plakatsegmente anzukleben – Teile eines 30 Meter langen Displays, das einen Ausschnitt aus einer Sanddüne darzustellen schien. Doch als er es genauer betrachtete, stellte Dr. Nathan fest, dass es in Wirklichkeit eine riesenhafte Vergrößerung der Hautfläche über der Wölbung des Darmbeins war. Auf den übrigen Plakatflächen erkannte Dr. Nathan weitere Fragmente des menschlichen Körpers: den Teil einer Unterlippe, eines rechten Nasenflügels und eines weiblichen Perineums. Jedes dieser Fragmente war so stark vergrößert, dass es nur noch aus geometrischen Mustern zu bestehen schien; nur ein Spezialist für anatomische Detailstudien war in der Lage, die einzelnen Muster zu identifizieren. Um diesen ganzen Frauenkörper aus solchen Details zusammenzusetzen, wie er sich hier terrassenförmig eingelagert in die Koordinaten eines Sandmeeres abzeichnete, würde man mindestens 500 solcher Plakatwände benötigen. Über den Köpfen der Arbeiter kreiste ein Helikopter, dessen Pilot die Arbeiten überwachte. Der Luftdruck seiner Rotoren riss einige der noch lose hängenden Plakatbahnen ab. Sie wirbelten über die Straße und blieben zerknittert an der Kühlerverkleidung eines der geparkten Wagen hängen.

Die Schreckensgalerie. Beim Betreten der Ausstellung sieht Travis die Kriegsgräuel von Vietnam und dem Kongo nachgebildet in ihrer Wechselbeziehung zum gewaltsamen Tod der Elizabeth Taylor; im Geiste sieht er sich, wie er sich des sterbenden Filmstars annimmt, wie er auf den zugigen Veranden des London Hilton ihre zerschossenen Lungenflügel erotisiert. Er träumt von Max Ernst, dem Herrn der Vögel; von »Europa nach dem Regen«; von der menschlichen Rasse; von Caliban, der auf einem von Auswurf und Erbrochenem verschmierten Spiegel schläft.

Die Gefahrenzone. Webster rannte im Dämmerlicht hinter Margaret Travis her. Er holte sie ein am Haupteingang des Filmbunkers, auf dessen von Rostflecken durchbrochene Betonwände in verblichenem Technicolor die Wangenpartie eines riesigen Gesichts aufgemalt war. »Also, Mann Gottes…!« Sie sah verärgert auf seinen Arm herunter, mit dem er sie am Oberkörper festhielt, und riss sich mit einem energischen Ruck von ihm los. »Mrs. Travis! Was glauben Sie wohl, weshalb wir alle diese Aufnahmen gemacht haben?« Webster fasste sich an das zerrissene Revers seiner Jacke; dann zeigte er auf eine Figur in der Uniform eines chinesischen Infanteristen, die in der Austrittsöffnung eines Kanalisationsrohres stand. »Die ganze Gegend ist voll von diesen Dingern – Sie werden ihn niemals finden.« Während er noch sprach, erleuchtete ein Scheinwerfer in der Mitte des Flugplatzes das Zielgebiet. Gegen den Lichtschein sah man umrisshaft die starren, lebensgroßen Puppengestalten.

Das riesige Gesicht. Dr. Nathan humpelte durch den ausgetrockneten Abwasserkanal und sah hinüber zu der riesenhaften Gestalt einer schwarzhaarigen Frau, die auf die schräg ansteigenden Wände des Blockhauses aufgemalt war. Die Vergrößerung war enorm: die Wand rechts von ihm hatte die Größe eines Tennisplatzes und enthielt doch kaum mehr als das rechte Auge und die Partie um den Backenknochen. Er erkannte die Frau als die gleiche, die er auf den Plakatwänden rings um das Hospital gesehen hatte: Es war die Filmschauspielerin Elizabeth Taylor. Doch all diese Designs waren mehr als nur überdimensionale Kopien eines lebenden Originals. Sie waren Gleichungen, in denen die fundamentale

Wechselbeziehung zwischen der Identität des Filmstars und den Raum-Zeit-Figurationen der Körper und Körperstellungen von Millionen verankert war, die entfernte Spiegelungen des Stars waren. Die Ebenen ihrer Existenzen überschnitten sich in vielfachen Brechungen mit den ihren – Fragmente privater Mythen, verschmolzen mit den Götterbildern der kommerziellen Kosmologien. Als göttergleiches Leitbild ihrer Existenzen vermittelte ihnen der Filmstar mit den Fragmenten seines Körpers ein Kompendium von Orientierungsformeln für die Reise durch ihre eigenen Bewusstseinsräume. Im Gegensatz dazu war Margaret Travis' Rolle keineswegs eindeutig. Auf irgendeine Weise würde Travis versuchen, den Körper seiner Frau, mit dessen Geometrie er vertraut war, mit dem der Filmschauspielerin in Beziehung zu bringen, indem er die quantitative Annäherung ihrer Identitäten bis zu einem Punkt vorantrieb, wo sie mit den Elementen der Zeit und der Landschaft verschmelzen würden. Dr. Nathan kletterte über den Wall zum nächsten Bunker. Dort lehnte er sich erschöpft an das Dekolleté, dessen dunkle Konturen schwach auf der Betonwand erkennbar waren. Als der Suchscheinwerfer ihn erfasste, bückte er sich und zog seine Schuhe wieder an. »Nein…« Er schleppte sich gerade auf das Rollfeld zu, als die Explosion die nächtliche Stille zerriss.

Die explodierende Madonna. In dem emporgeschleuderten Körper seiner Frau, der über dem Zielgebiet wie eine explodierende Madonna des Schießgeländes in Stücke flog, sah Travis ein rituelles Fest der linearen Intervalle, in denen er das ihn umgebende Raum-Zeit-Kontinuum erfuhr. Hier wurde sie eins mit den Madonnen der Plakatwände und ophthalmischen Lehrfilme, mit der aus Pin-up-Fragmenten zusammengesetzten Venus, deren vielfach gebrochene Posen den Verlauf seiner eigenen Irrfahrt durch die Vororte der Hölle zelebrierten.

Abschied. Am nächsten Morgen wanderte Travis durch die parallelen Schluchten der Schießanlage. Die Figur der Filmschauspielerin an den Bunkerwänden vermittelte ihm die Totalität von Raum und Zeit. Während er suchend zwischen den Bergen von Autoreifen und Stacheldrahtrollen umherirrte, sah er den Helikopter mit dem Bomberpiloten am Steuerknüppel in den Himmel steigen. Die Maschine drehte ab und flog auf den Horizont zu. Eine halbe Stunde später fuhr die junge Frau mit dem weißen Pontiac weg. Travis sah die Abreise der beiden ohne Bedauern. Als sie verschwunden waren, bildeten die Leichen von Dr. Nathan, Webster und Catherine Austen ein kleines Tableau in der Nähe der Bunker.

Eine letzte Stellung, Auf einer verwitterten Betonbahn der Schießanlage nahm er die Stellung des fragmentierten Körpers der Filmschauspielerin ein und zeichnete alle seine früheren Träume und Ängste in den dünenartigen Segmenten ihres Körpers nach. Die Morgensonne tauchte diese rituelle Beschwörung der Madonna von den Plakatwänden in ein bleiches Licht.

2

Die Universität des Todes

Der ideelle Tod. Die täglichen Seminarsitzungen hatten längst den Charakter einer bohrenden Untersuchung von Talbots zunehmender Unsicherheit und Erschöpfung angenommen. Beunruhigend war die offene Komplizenschaft, in der die Studenten an der Herbeiführung seines lange vorausgeahnten Zusammenbruchs arbeiteten. Am Eingang zum Hörsaal blieb Dr. Nathan zögernd stehen und überlegte, ob er diesem bemerkenswerten und doch zugleich unerquicklichen Experiment nicht lieber ein Ende bereiten sollte. Die Studenten blickten mit gespannter Erwartung auf Talbot, der an der Wandtafel eine Serie von Aufnahmen anstarrte, die man von ihm gemacht hatte. Dabei wurde er in seiner Aufmerksamkeit abgelenkt durch die elegante und zugleich strenge Gestalt von Catherine Austen, die ihn von ihrem Platz in den leeren Sitzreihen neben dem Projektionsapparat beobachtete. Filmaufnahmen von gestellten Verkehrsunfällen und Gräueltaten aus dem Vietnamkrieg (ein treffender Kommentar zu ihrer eigenen destruktiven Sexualität) illustrierten das Planspiel eines Dritten Weltkriegs, mit dem sich die Studenten offensichtlich intensiv beschäftigten. Doch galt ihr eigentliches Interesse, wie Dr. Nathan feststellen konnte, einer Figur, die auf dem Höhepunkt der simulierten Ereignisse ganz unerwartet ins Spiel gekommen war: In der Person ihres eigenen Lehrers hatten die Studenten den ersten ideellen Tod konzipiert.

Autogene Erotik. Talbot lag in Catherine Austens Schlafzimmer und hörte auf das Geräusch der Helikopter, die vom Flughafen her über die Autostraße einflogen. Gleich Symbolen einer technischen Apokalypse beschworen sie fremdartige Erinnerungen und Gesten unausgesprochener Vertraulichkeiten in den Interieurs des Appartements. Er wandte seinen Blick vom Fenster ab. Catherine Austen saß neben ihm auf dem Bett. Ihr nackter Körper ragte in den Raum wie ein bizarres Ausstellungsstück. Er legte seine Handfläche auf die lehmfarbene Aureole ihrer linken Brustwarze. Die Betonlandschaft aus Unterführungen und Flugschneisen vermittelte eine näher liegende Realität: die Geometrie eines Netzes von Nervensträngen, die Identität, die in seiner eigenen Muskulatur angelegt war.

Obszönes Mannequin. »Soll ich mich zu dir legen?« Talbot ignorierte ihre Frage. Er studierte ihre breiten Hüften, die nun jedes Gefühl und jede taktile Kontur verloren hatten. Ihr Körper glich bereits dem einer Gummipuppe mit übermäßig suggestiven Öffnungen – ein obszöner Apparat zur Selbstbefriedigung. Als er aufstand, sah er in ihrer Handtasche das nutzlose *cache-sexe* eines Diaphragmas. Er hörte auf das sirrende Geräusch der nahen Helikopter. Sie schienen auf einem unsichtbaren Landeplatz in den Randzonen seines Bewusstseins aufzusetzen. Auf dem Dach der Garage stand die Skulptur, die er während des vergangenen Monats mit großer Mühe und Sorgfalt konstruiert hatte: gläserne Gesichter auf metallenen Antennenstäben und Farbdias von verkrebstem Rückenmark, die er aus dem Labor mitgenommen hatte. Die ganze Nacht beobachtete er den Himmel und lauschte der Zeitmusik der Quasare.

Linke Augenhöhle und Schläfe. Vor dem Gebäude der Neurologischen Abteilung war ein untersetzter junger Mann in einem schwarzen Militärmantel gerade dabei, ein großes Transparent auf einen

Lastwagen zu laden: eine fotografische Reproduktion von Talbots linker Augenhöhle und Schläfe. Er starrte hinauf zu der Skulptur auf dem Dach. Sein eingefallenes, bärtiges Gesicht hatte Talbot die ganzen Wochen während der Erarbeitung des Planspiels verfolgt. Auf Koesters Betreiben erarbeitete die Klasse jetzt den optimalen Tod des ersten Opfers des Dritten Weltkriegs: ein Wundprofil, das immer deutlicher Talbots Züge annahm. Eine betont feindselige Atmosphäre herrschte zwischen ihnen, eine Mischung aus sexueller Rivalität (wegen Catherine Austen) und homoerotischer Eifersucht.

Ein intellektueller Zeitvertreib. Dr. Nathan betrachtete die Fotos von Syphilitikern, die im Foyer des Kinos aushingen. Ein Teil der Besucher war bereits dabei, die Ausstellung wieder zu verlassen. Trotz des Skandals, der unweigerlich folgen würde, hatte er absichtlich die Genehmigung zu diesem »Festival des brutalen Films« erteilt, das Talbot in einem seiner letzten lichten Momente angeregt hatte. Die Bilder von Nader und J.F.K. und Opfern von Napalm-Bombardements und Flugzeugkatastrophen zeugten von dem bemerkenswerten Einfallsreichtum der Filmregisseure. Und doch waren die erzielten Ergebnisse unbefriedigend; was immer sich Talbot erhofft hatte, war eindeutig nicht zustande gekommen. Die ganze Schau des Schreckens war im Grunde nur das Ergebnis eines intellektuellen Zeitvertreibs. Eines Tages würde er eine marxistische Analyse dieser Lumpenintelligenz vornehmen. Er fand, dass die Veranstaltung eher die Bezeichnung »Festival des Amateurfilms« verdiente. Während er sich eine Zigarette mit goldenem Mundstück anzündete, bemerkte er, dass man in eine Reproduktion von Dalís »Hyperkubischem Christus« sehr geschickt ein Foto von Talbot einmontiert hatte. Sogar das Filmfestival war also bewusst als Teil des kalkulierten Psychodramas innerhalb des Planspiels angelegt.

Ein kläglicher Voyeur. Als sie den Wagen abstellte, konnte Karen Novotny über den Bäumen die silbernen Schalen der drei Radioteleskope sehen. Der hagere Mann in der zerschlissenen Fliegermontur ging auf den Drahtverhau des äußeren Verteidigungsgürtels zu. Streifen von Sonnenlicht zogen sich über sein Gesicht. Warum war sie ihm hierher gefolgt? Nach dem Kolloquium über Raumfahrtmedizin im Kinosaal des Hotels war er als Einziger zurückgeblieben; sie hatte ihn angesprochen und mit auf ihr Appartement genommen. Die ganze vergangene Woche hatte er mit dem starren Blick eines frustrierten Voyeurs die Teleskope betrachtet. Wer war dieser Mann, der vor Zeit und Raum zu fliehen schien und sich jetzt mehr und mehr in seine eigene Landschaft hineinbewegte… Sein Zimmer war voll von grotesken Illustriertenfotos: Fotos von Überführungen, deren zwanghafte Geometrie wie eine Serie von Ausschnittsvergrößerungen ihres eigenen Körpers anmutete; Röntgenaufnahmen von ungeborenen Kindern; eine Reihe von deformierten Genitalien; hundert Großaufnahmen von Händen. Sie stieg aus dem Wagen. Die Metallspule hing in ihrem Schoß wie ein stählerner Fötus, ein totgeborener Stern. Sie strich ihren weißen Leinenrock glatt. Talbot kam vom Drahtverhau zurückgerannt und riss die Kassette aus seiner Kamera. Eine starke sexuelle Bindung war plötzlich zwischen ihnen entstanden.

Das Labyrinth der Bilder. Talbot folgte dem Hubschrauberpiloten über die regennasse Rollbahn. Während sie am Rand des Flugfeldes entlang gingen, sah er, dass zum ersten Mal eins der Flugzeuge gelandet war. Die schlanke Gestalt des Piloten hinterließ kein Spiegelbild in den silbrig glänzenden Regenpfützen. Die Ausstellungshalle war verlassen. Vorbei an einer Tableau-Skulptur, die eine öffentliche Hinrichtung in den Straßen Saigons darstellte, betrat man ein Labyrinth von Plakatwänden. Der Pilot trat durch einen

Einlass, der in ein Bild von Talbots Gesicht eingeschnitten war. Talbot erkannte sein überlebensgroßes Porträt, das während seines letzten Seminars mit einer versteckten Kamera aufgenommen worden war. Über dem erschöpften Blick seiner Augen thronten die unsichtbaren Hierarchien der Quasare. Anhand der Fixpunkte, die durch Ausschnittsvergrößerungen seiner Hände und seines Mundes markiert waren, bahnte sich Talbot einen Weg durch das Labyrinth.

Spinale Querschnitte. Ikonografie der sechziger Jahre: die Nasenflügel von L.B.J., abgestürzte Helikopter, die Pudenda von Ralph Nader, Eichmann als Transvestit, der Höhepunkt eines New Yorker Happenings: ein totes Kind. Im Innenhof des Labyrinths saß eine junge Frau in einem hellen geblümten Kleid hinter einem Tisch, auf dem Kataloge auslagen. Die Wangen ihres bleichen Gesichts waren eingefallen. Talbot erkannte sie wieder: Wie der Pilot gehörte auch sie zu den Studenten, die an seinem Seminar teilgenommen hatten. Ihr nervöses Lächeln wirkte entstellt durch die Wunde, die in ihrer Mundhöhle sichtbar wurde.

Unterwegs zur entmilitarisierten Zone. Später, als er in der Plexiglaskabine des Helikopters saß, blickte Talbot hinunter auf die Fernstraße. Die Wagen glitten mit hoher Geschwindigkeit über die kleeblattförmigen Auffahrten, die eine riesige Ziffer bildeten, in der man die Schablone für eine eigenartige Körperstellung ahnen konnte. Die junge Frau im weißen Kleid saß neben ihm. In ihren Brüsten und Schultern wiederholten sich die vergessenen Konturen von Karen Novotnys Körper und die kinetischen Skulpturen der Schnellstraßen. Sie fand nicht den Mut, ihn anzulächeln, und starrte stattdessen auf seine Hände, als ob diese eine unsichtbare Waffe hielten. Das blühende Gewebe ihrer Lippen erinnerte ihn an die porösen Esplanaden von Ernsts »Das Auge der Stille«, an die wie zu Bimsstein verhärteten Strände eines toten Meeres. Seit er sich der Führung dieser beiden Kuriere anvertraut hatte, war es ihm endlich gelungen, die Erinnerung an Koester und Catherine Austen zu verdrängen. Die Erosion jener Landschaft von Wanderdünen dauerte an. Inzwischen glühten die Quasare schwach und undeutlich aus den dunklen Tiefen des Universums – Teile seines Gehirns, wiedergeboren in den Weiten der Inselgalaxien.

Desaster-Pantomimen. Mit einer fast unwilligen Bewegung fing der Pilot den Helikopter scharf ab. Während sie rasch in Richtung auf die Unterführung herabsanken, durchschnitten die gewaltigen Rotoren des Sikorski die Luft wie Flügel eines fallenden Engels. Unmittelbar vor der Unterführung hatte sich eine Massenkarambolage ereignet. *Nachdem die Polizei die Unglücksstelle verlassen hatte, gingen sie eine Stunde lang zwischen den zertrümmerten Wagen umher und starrten durch den Dunst und Nebel auf die Körper, die vornüber gesunken an den zersplitterten Windschutzscheiben lehnten. Hier würde er seinen »anderen« Tod finden – in den mimisch dargestellten Desastern von Vietnam und dem Kongo, die in den Konturen der zermalmten Kotflügel und Kühlerverkleidungen nachgebildet waren.* Als sie über der Unglücksstelle eine Runde drehten, sahen die Wracks in der Dämmerung wie die zerdrückten Flügel einer Armada der Lüfte aus.

No U-Turn. »Im letzten Stadium seines Zusammenbruchs scheint Talbot vor allem die Vorstellung des konzeptuellen Verkehrsunfalls beschäftigt zu haben«, schrieb Dr. Nathan. »Noch viel beunruhigender ist aber die Tatsache, dass sich Talbot bewusst in den Ablauf des Planspiels mit einbezog. Weit entfernt davon, sich von den Studenten als Karikatur eines überarbeiteten Lehrers zum

Gespött machen zu lassen und sich in eine Art Ur-Christus der Kommunikationslandschaft umfunktionieren zu lassen, hat Talbot vielmehr die Studenten selbst für seine Zwecke missbraucht. Dies hat dem Planspiel eine völlig andere Richtung gegeben, und aus der ursprünglichen Übung zum Thema ›Das Ende der Welt‹ ist ein Psychodrama geworden, das zunehmend tragische Perspektiven aufweist.«

Das Beharrungsvermögen der Erinnerung. Ein verlassener Strand mit der bruchlosen Fläche seines Sandes. Hier hat die nach Stunden und Minuten gemessene Zeit ihre Gültigkeit verloren. Selbst der Embryo – Symbol verborgener Entfaltungsmöglichkeiten – ist ausgelaugt und erschlafft. Diese Bilder sind Überreste eines erinnerten Augenblicks in der Zeit. Für Talbot sind die am meisten beunruhigenden Elemente die geradlinigen Abschnitte des Strandes und der See. Die Verschiebung dieser beiden Bilder in der Zeit und ihr Aufgehen in seinem eigenen Kontinuum hat sie in die Form von starren und unnachgiebigen Strukturen seines eigenen Bewusstseins gezwungen. Später, als er über die Überführung ging, erkannte er, dass die geradlinigen Formen seiner bewussten Realitätswahrnehmung isolierte Verwerfungen von Elementen einer fernen harmonischen Zukunft waren.

Ankunft in der E.M.Z. Sie saßen im grellen Licht der Sonne auf dem schräg abfallenden Betonwall. Die stillgelegte Autostraße verlor sich im Dunst, Silbertannen wuchsen aus ihren Ritzen. Fröstelnd schaute Talbot auf diese Landschaft von zerbröckelnden Fußgängerbrücken und eingestürzten Unterführungen hinaus. Der Pilot ging den Abhang hinunter und überquerte die rostigen Gleise eines Bahnübergangs; auf beiden Seiten waren Autoreifen und leere Benzinkanister aufgestapelt. In einiger Entfernung neigte sich eine

Wellblechbaracke in einen schlammigen Teich. Talbot wartete darauf, dass die junge Frau etwas zu ihm sagte, aber sie presste ihre Lippen zusammen und starrte auf ihre Hände. Vor dem matten Grau des Betons leuchtete ihr weißes Kleid so hell und intensiv, als sei es mit Leuchtfarbe bestrichen. Wie lange mochten sie hier schon gesessen haben?

Der Platz. Später, als sich seine beiden Begleiter auf dem Damm der Uferbefestigung entfernt hatten, begann Talbot das Terrain zu erkunden. Die rissigen, verwitterten Betonbahnen der Straßen erstreckten sich unter dem gleichmäßig weißen Licht bis an den Horizont. In einiger Entfernung sah man den Piloten unter dem Heck des Helikopters sitzen, und hinter ihm die junge Frau. Im Schatten der Maschine wurden ihre starren, teilnahmslosen Gesichter geradezu ein Teil der Landschaft. Talbot ging den zementierten Strand entlang. Hier und da waren Teile der Befestigung eingestürzt und die stählernen Verstrebungen kamen zum Vorschein. In den Lücken zwischen den Betonklötzen wuchs verkrüppeltes Zwergobst. Dreihundert Schritte vom Helikopter entfernt betrat er einen abgesunkenen Platz, auf dem zwei zusammenlaufende Autostraßen in einer Unterführung verschwanden. Unter den Bögen lagen alte ausgebrannte Autowracks. Talbot holte die junge Frau und führte sie den Abhang herunter. Mehrere Stunden lang saßen sie bewegungslos da und warteten. Die Geometrie des Platzes übte auf Talbot eine unwiderstehliche Faszination aus.

Die Erscheinung. Halb verdeckt von der aufziehenden Bewölkung bewegte sich die riesenhafte Erscheinung einer weiblichen Hand über den Himmel. Talbot stand auf und verlor auf dem abschüssigen Wall für einen Moment die Balance. Während die Hand über den Platz hinwegstrich, schien sie wie über einem unsichtbaren

Kind einen schützenden Bogen zu bilden. Wie eine riesige Taube hing sie in den Strahlen der durchbrechenden Sonne. Talbot stieg den Abhang hinauf und folgte der Erscheinung. Er erkannte, dass sich soeben ein einzigartiges Ereignis angekündigt hatte. Während er auf den Platz hinuntersah, murmelte er unwillkürlich den Namen »Ralph Nader«.

Die Geometrie ihres Gesichts. In der Perspektive des Platzes, in der Verbindung von Unterführung und Uferbefestigung, erkannte Talbot endlich ein Modell, das sich in vielfachen Wiederholungen auf die Landschaft seines Bewusstseins übertragen ließ. Das nach hinten abfallende Dreieck des Platzes spiegelte sich in der Physiognomie der jungen Frau. In dem Diagramm ihres Knochenbaus sah er einen Schlüssel zu der Muskulatur und den Stellungen seines eigenen Körpers und zu dem Planspiel, mit dem er sich am Institut beschäftigt hatte. Er gab das Zeichen zum Aufbruch. Der Pilot und die junge Frau ordneten sich ihm jetzt unter. Die Rotoren des Helikopters setzten sich in Bewegung und warfen längliche Schattenfiguren auf die ausgestorbene Betonfläche.

Transfigurierte Pudenda. Dr. Nathan zeigte dem Sicherheitsbeamten an der Absperrung seinen Ausweis. Während sie sich dem Versuchsgelände näherten, starrte Catherine Austen angestrengt durch die Windschutzscheibe. Das bevorstehende Treffen mit Talbot schien sie in eine starke sexuelle Erregung zu versetzen. Dr. Nathan warf einen Blick auf ihre breiten Hüften und versuchte, sich die Form ihres Schambeins vorzustellen. »Talbot ist davon überzeugt – und das wird durch die logische Konzeption des Planspiels unterstrichen –, dass Autounfälle eine ganz andere Rolle spielen als die, die wir ihnen beimessen. Abgesehen von seiner ontologischen Funktion, der Neuordnung von Raum und Zeit in seiner Eigenschaft als wirkungsvollste Konstante unseres Konsumentendaseins, kann der Autounfall unbewusst auch geradezu als fruchtbares Ereignis gesehen werden – als ein Freisetzen von sexueller Energie – ein Ereignis, in dem sich die Sexualität derer mitteilt, die mit einer in jeder anderen Form undenkbaren Intensität zu Tode gekommen sind: James Dean und Jayne Mansfield, Albert Camus und Präsident Kennedy. Im Ritual des simulierten Autounfalls sehen wir die transfigurierten Pudenda Ralph Naders – das uns am unmittelbarsten ansprechende Image vom Leib und Blut Christi.« Sie hielten am Rand des Versuchsgeländes. Vor der Tribüne stand eine Gruppe von Ingenieuren. Ein zermalmter Lincoln wurde abgeschleppt. Im Gras lag eine kahlköpfige Schaufensterpuppe. Auf Brustkorb und Beinen hatte man Unfallverletzungen markiert.

Reisen ins Innere. Während er in Karen Novotnys Appartement wartete, konstruierte Talbot eine Serie von Transits: (1) Spinal: »Das Auge des Schweigens«, jene porösen Felsentürme mit dem bleichen Schimmer freigelegter innerer Organe, in denen die ganze ungeheure Stille der Planeten enthalten war. Durch das jodhaltige Wasser dieser abgestandenen Lagunen folgte Talbot der einsamen Nymphe durch die Felsenhöhlen, die Paläste seines eigenen Fleisches. (2) Medien: Montagelandschaften aus Kriegsbildern: Erdlöcher voller Patronengurte längs der Eisenbahnstrecke Shanghai–Nanking; minderjährige Callgirls in ihren provisorischen Verschlägen aus Autoreifen und Benzinkanistern; tote Japaner, wie Brennholz aufgestapelt, in Landungsbooten am Woosung Pier; (3) Kontur: die einmaligen Parameter von Karens Körper – die einladenden Öffnungen von Mund und Vulva, das weiche Hypogäum des Anus. (4) Astral: Segmente seiner Körperstellungen, widergespiegelt in den Prozessionen der Gestirne. Diese Transits verkörperten ein Sinnbild der Geometrie, die sich allmählich in der

Muskulatur der jungen Frau abzeichnete, in der Stellung ihrer Körper während des Geschlechtsaktes und in den Winkeln, die von den Wänden des Appartements gebildet wurden.

Stochastische Analyse. Karen Novotny beugte sich über das Waschbecken und schickte sich an, ein Paar Strümpfe auszuwaschen. Als sie seine Finger in ihren Achselhöhlen spürte, zuckte sie zusammen und starrte hinunter in den Garten zwischen den Appartementhäusern, in dem etliche Skulpturen aufgestellt waren. Der hohlwangige junge Mann mit dem schwarzen Militärmantel, der ihr die ganze Woche gefolgt war, saß jetzt auf der Bank neben dem Paolozzi. Seine paranoiden Augen mit ihrer Mischung aus Leidenschaft und Heimtücke hatten sie über die Tische zahlreicher Cafés hinweg angestarrt, als ob er sie jedes Mal im Geiste vergewaltigte. Talbots schwielige Hände schlossen sich um ihre Brüste und hoben sie leicht an; fast schien es, als wolle er ihre schweren Wölbungen gegen eine andere, noch näher liegende Alternative abwägen. Er war besessen von dem Bild der sich überkreuzenden Autostraßen und den vorbeihuschenden Hecks der Autokarosserien. Den ganzen Tag hatte er auf dem Dach des Wohnblocks mit der Konstruktion seiner merkwürdigen Antenne zugebracht und dabei in den Himmel gestarrt, als wolle er eine Schneise in die Sonne schlagen. Als sie seinen Koffer durchsuchte, fand sie Fotos von ihm, die zu mehreren noch unveröffentlichten Berichten in *Oggi* und *Newsweek* gehörten. Am Abend, als sie aus dem Bad stieg, ihren Körper puderte und darauf wartete, dass er zu ihr kam, hockte er im Flur über eine Reihe von Planskizzen gebeugt und unterzog die Tiefgarage des Pentagon einer stochastischen Analyse.

Crash Magazin. Catherine Austen ging durch die Ausstellung und näherte sich dem dunkelhäutigen jungen Mann im schwarzen

Mantel. Er lehnte an einem der Wagen und die zersplitterte Windschutzscheibe warf schillernde Lichtreflexe auf sein Gesicht. Wer war Koester: Ein Student in Talbots Seminar? Die Judasfigur des Planspiels? Ein Rabbi in der sinistren Rolle eines Novizen? Warum hatte er diese Ausstellung von Autowracks organisiert? Die demolierten Fahrzeuge mit ihren aufgerissenen Kühlern waren in mehreren parallelen Reihen aufgestellt. Seine verklemmte Sexualität, die ihr gleich im ersten Semester aufgefallen war, fand eine merkwürdige Entsprechung in diesen zerbeulten Karosserien. Er hatte sogar eine Zeitschrift mit dem Titel *Crash* herausgebracht, die sich ausschließlich mit Autounfällen beschäftigte. Ihren Inhalt beherrschten die entstellten Körper von Jayne Mansfield, Albert Camus und James Dean – Epiphanien der Sehnsucht und Gewalt.

Ein kosmetisches Problem. Der Star der Show war J.F.K., das Opfer des ersten ideell konzipierten Autounfalls. Den Ehrenplatz hatte ein ramponierter Lincoln, auf dessen Rücksitz Gipsmodelle des ermordeten Präsidenten und seiner Frau platziert waren. Als Resultat einer bemerkenswerten kosmetischen Raffinesse war am Schädel des Präsidenten täuschend echt die ausgetretene Gehirnmasse nachgebildet. Während sie mit den Fingern über die weißen Acrylstreifen auf der Motorhaube strich, schwang sich Koester mit einer aggressiven Bewegung aus dem Fahrersitz. Sie ließ sich von ihm Feuer geben und lehnte sich dabei an den Kotflügel des weißen Pontiac, so dass sich ihre Hüften beinahe berührten. Koester fasste sie mit einer nervösen Bewegung am Arm. »Ah, Dr. Austen… « Der Smalltalk überspielte nur wenig die sexuellen Obertöne ihres Treffens. »…sicherlich ließe sich in der Kreuzigung Christi der erste Verkehrsunfall sehen – erst recht, wenn man sich dazu entschließt, Jarry in seiner lustigen Persiflage auf dieses Ereignis zu folgen…«

60-Minuten-Zoom. Während sie von Appartement zu Appartement zogen, spürte Karen Novotny, wie ihr die Vorgänge in ihrer Umgebung mehr und mehr entglitten. Talbot folgte ihr auf Schritt und Tritt und markierte mit einem Stück Kreide die Position des Stuhls, auf dem sie saß, die Positionen des Geschirrs auf dem Frühstückstisch und schließlich die Stellungen, die sie selbst einnahm: (1) auf dem Rand des Bidets sitzend, in der Pose von Rodins »Denker«; (2) über die Balkonbrüstung gelehnt, während sie darauf wartete, dass Koester wieder auftauchte; (3) auf dem Bett, während des Geschlechtsaktes mit Talbot. Er arbeitete stumm an seinen Kreidestrichen; hin und wieder veränderte er die Lage ihrer Gliedmaßen. Das Motorengeräusch der Helikopter hatte sich inzwischen zu einem unerträglichen Lärm gesteigert. Eines Morgens wachte sie auf und es herrschte vollkommene Stille. Talbot war verschwunden.

Eine Frage der Definition. Die Silhouetten überlagerten sich und bedeckten die Wände und Fußböden, ein Fries von priesterlichen Posen und Fruchtbarkeitstänzen – Opfer von Verkehrsunfällen, ein gekreuzigter Mann, kopulierende Kinder. Die Umrisse eines Helikopters hatten sich wie das Profil eines rächenden Engels in die rostrote Spielfläche des hinter dem Wohnblock gelegenen Tennisplatzes eingebrannt. Nach der Rückkehr von einer erfolglosen Suche, die sie durch sämtliche Cafés der Gegend geführt hatte, stellte sich heraus, dass man alle Möbel aus ihrem Appartement entfernt hatte. Koester und seine Studenten waren dabei, die mit Kreide markierten Umrisse zu fotografieren. In die Silhouette ihres Körpers auf den Kacheln des Badezimmers hatte man geschrieben: »Novotny beim Onanieren«. Den Blick unverwandt auf Koester gerichtet, wiederholte sie die Inschrift laut; dann sagte sie mit gekünstelter Ironie: »Sie wollen mich wohl in Ihr Drehbuch einbauen, Mr. Koester?« Ungerührt verglich er mit leicht zusammengekniffenen Augen ihre Figur mit dem Umriss auf der Kachelwand. »Wir wissen, wo er ist, Miss Novotny.« Sie starrte auf die Umrisse ihrer Brüste auf den schwarzen Kacheln, auf denen noch die Abdrücke von Talbots Händen zu sehen waren – genau wie in sämtlichen anderen Räumen der Wohnung. Die Hände schienen das Appartement mit lautlosem Beifallklatschen zu füllen.

UFO.* Diese Beinstellungen der Karen Novotny beschäftigten Talbot: (1) beim Aussteigen aus dem Pontiac, mit entblößter Oberseite der Schenkel; (2) in hockender Stellung auf den Fliesen des Badezimmers, Knie seitwärts auseinander, während sie mit zwei Fingern nach dem Pessar in ihrer Scheide tastete; (3) in A-tergo-Stellung, Gesäß und Oberschenkel fest an Talbots Körper gedrückt; (4) nach einem Autozusammenstoß, das frakturierte linke Wadenbein an die Unterseite des Armaturenbretts gedrückt, die Kniesehne des rechten Beins durch den Aufprall auf die Handbremse gerissen.

Das optimale Wundprofil. »Man muss sich darüber im Klaren sein, dass die Insassen eines Wagens, der sich überschlägt und anschließend mit einem anderen frontal zusammenstößt, komplexe Bewegungen ausführen und Verletzungen davontragen, deren genaue Herkunft oft nicht mehr in allen Einzelheiten festzustellen ist«, erklärte Dr. Nathan und zeigte Captain Webster die Fotomontage, die er in Koesters Brieffach gefunden hatte: eine männliche Gestalt mit einzeln bezeichneten und nummerierten Wunden. »Allerdings haben wir hier eine ganz und gar uncharakteristische Betonung von

* UFO: eigentlich »Unidentified Flying Object« (unbekanntes Flugobjekt; steht hier allerdings für »Unidentified Female Orifice« (nicht näher identifizierte weibliche Körperöffnung). Anm. d. Übers.

Wunden in den Handflächen, unterhalb der Fußgelenke und in der Leistengegend. Selbst wenn wir von einem außerordentlich vehementen Zusammenstoß ausgehen, lässt sich die besondere Art dieses Unfalls nur andeutungsweise rekonstruieren. In unserem Fall, der aus Koesters Drehbuch für Talbots Unfalltod stammt, sind die Verletzungen offensichtlich das Resultat eines optimierten Autounfalls, den der Fahrer als eine Art bizarre Kreuzigung empfunden haben muss. Er muss sich im Augenblick des Zusammenstoßes in einer obszönen Stellung befunden haben, so als sei er in einem grotesken Geschlechtsakt überrascht worden – ein Christus, gekreuzigt auf dem geschändeten Körper seiner eigenen Mutter.«

Die Aufprallzone. Bei Anbruch der Dämmerung fuhr Talbot um das verlassene Rund der Teststrecke hinter der Versuchsanstalt. Hohes Gras wuchs an vielen Stellen aus der vernachlässigten Fahrbahn, und zu beiden Seiten lagen verrostete Autowracks. Über den Bäumen schwebte der Helikopter; seine Rotoren wirbelten welke Blätter und leere Zigarettenkartons auf. Talbot steuerte den Wagen zwischen den zerbeulten Benzinkanistern und Autoreifen hindurch. Die junge Frau, die neben ihm saß, lehnte sich an seine Schulter; in dem Blick ihrer grauen Augen lag eine unerschütterliche Ruhe, vielleicht auch ein Anflug von Geringschätzung. Er bog auf eine schnurgerade Fahrbahn zwischen den Bäumen ein. Vor ihm im schwächer werdenden Tageslicht lag der Kollisionskurs; auf die stählernen Gondeln eines Katapults waren zerbeulte Wagen montiert. Durch die klaffenden Türen und zerbrochenen Scheiben hingen Schaufensterpuppen heraus. Während sie an den Schienen des Katapults entlanggingen, spürte Talbot, wie die junge Frau mit ihren Blicken das Dreieck der Zufahrtsstraßen überflog. In ihrem Gesicht spiegelte sich die Geometrie des Versuchsgeländes. Bis zum nächsten Morgen arbeitete er daran, die Wracks mit einem Abschleppwagen in Form einer Wagenkolonne anzuordnen.

Talbot: vorgetäuschte Todesfälle. (1) Der Aufpralleffekt auf der Haut von Karen Novotnys lockendem Körper unter der Dusche; Beine gespreizt, mit entblößter Scham: in den weichen Aufprall des herabströmenden Wassers mischten sich die Schreie von Unfallopfern. (2) Die Hochstraße, die unterhalb des Appartements vorbeiführte: in den Winkeln zwischen den Betonpfeilern lag für Talbot eine tödliche Drohung. (3) Ein zerdrückter Kotflügel: in seiner gebrochenen Geometrie sah Talbot den verstümmelten Körper von Karen Novotny, den symbolischen Tod Ralph Naders.

Ungewöhnliche Posen. »Sie werden gleich sehen, weshalb wir uns Sorgen machen, Captain.« Dr. Nathan zeigte auf die Fotos, die an die Wände von Talbots Büro geheftet waren. »Man kann sie in allen Fällen als ›Posen‹ interpretieren. Sie zeigen (1) die linke Augenhöhle und das Jochbein von Präsident Kennedy, herausvergrößert aus Bild 230 des Zapruder-Films; (2) Röntgenaufnahmen von Lee Harvey Oswalds Händen; (3) eine Serie von Korridorwinkeln im Hospital für geistesgestörte Kriminelle in Broadmoor; (4) Miss Karen Novotny, eine intime Bekanntschaft von Talbot, in einer Serie von ungewöhnlichen Liebesstellungen – wobei schwer zu sagen ist, ob diese Stellungen Miss Novotny während des Geschlechtsaktes zeigen oder als Opfer eines Frontalzusammenstoßes. Aber im Grunde ist diese Unterscheidung jetzt nicht mehr von Belang.« Captain Webster prüfte die einzelnen Beweisstücke. Er befingerte die Rasierwunde an seinem massigen Kinn, neidisch und ungehalten darüber, dass Talbot den Körper dieser jungen Frau praktisch wie sein Privateigentum behandelte. »Und Sie meinen also, zusammengenommen ergeben sie ein Porträt dieses amerikanischen Sicherheitsfanatikers – Nader?«

»**Im Augenblick seines Todes, ja.**« Nathan nickte bedächtig hinter einer Wolke von Zigarettenqualm. »Als Toter, ja. Das heißt, es handelt sich um seinen symbolisierten oder ›uneigentlichen‹ Tod. Diese Aufnahmen von Winkeln und Stellungen sind nicht als privater Wandschmuck gedacht, sondern ergeben vielmehr eine konzeptuelle Gleichung, einen Zündmechanismus, mit dem Talbot den Höhepunkt dieses Planspiels herbeizuführen hofft. Die Wahrscheinlichkeit, dass es dabei zu einem Attentatsversuch kommt, lässt sich nicht von der Hand weisen; das ist eine Hypotenuse in dieser Geometrie eines Mordes. Was die Figur des Ralph Nader angeht: Hier muss man sich vergegenwärtigen, dass Talbot zwischen dem manifesten und dem latenten Realitätsbezug unterscheidet. Es ist klar, dass Naders wirkliche Rolle eine ganz andere ist, als es den Anschein hat; sie ist nur zu entschlüsseln in ihrem Bezug auf die Stellungen, die wir einnehmen, und die bildhafte Entsprechung unserer Ängste in den Winkeln zwischen Zimmerdecke und Wand. In der Post-Warhol-Ära kann eine einzelne Geste wie das Übereinanderschlagen der Beine eine größere Bedeutung haben als sämtliche Seiten von *Krieg und Frieden.* In der Mythologie des 20. Jahrhunderts stellt sich zum Beispiel die Kreuzigung unter dem Aspekt eines konzeptuellen Autounfalls dar.«

Idiosynkrasien und sinnverwirrende Idiome. Während sie am Geländer des Kameraturms lehnte, spürte Catherine Austen, wie sich Koesters Hände auf den Verschluss ihres Büstenhalters zutasteten. Sein starres Gesicht war dicht vor dem ihren, sein Mund glich dem hungrigen Loch einer obszönen Maschine. Die Ebenen seiner Backenknochen und Schläfenbeine überschnitten sich mit den regennassen Zementplatten, und beides zusammen ergab ein merkwürdiges sexuelles Modul. Ein Auto fuhr am Rand des Versuchsgeländes entlang. Während der Nacht hatten die Studenten in der Aufprallzone unterhalb des Kameraturms ein sorgfältig durchkonstruiertes Tableau in Form einer Massenkarambolage aufgebaut. Es bestand aus einem Dutzend umgekippter Autowracks; abgerissene Kotflügel lagen bis an den grasbewachsenen Rand der Betonfläche verstreut. Zwischen die ineinandergehakten Windschutzscheiben und Kühlerverkleidungen waren Schaufensterpuppen eingepasst, auf deren zerbrochene Körper Wundmale aufgetragen waren. Koester hatte sie mit den Namen »Jackie«, »Ralph« und »Abraham« versehen. Vielleicht sah er das Tableau als eine Vergewaltigungsszene? Als seine Hand ihre linke Brust umschloss, schien er zu zögern. Er sah die Novotny den betonierten Gang herunterkommen. Sie lachte und löste sich von Koester. Wo waren *ihre* Wundmale?

Geschwindigkeitstests. Talbot öffnete die Wagentür des Lincoln und nahm die Position des Sicherheitsbeamten Greer ein. Auf dem Rücksitz der Limousine saßen der Hubschrauberpilot und die junge Frau. Zum ersten Mal lächelte ihn jetzt die junge Frau an; ihr Mund war leicht geöffnet, so dass die entstellende Wunde in ihrer Mundhöhle sichtbar wurde. Es war, als wolle sie damit zeigen, dass sie ihre anfängliche Scheu überwunden hatte. Talbot wandte seinen Blick von ihr ab und sah durch die Morgendämmerung hinüber zu der Stelle, wo sich die betonierten Ausbuchtungen vereinigten. Bald würde der Höhepunkt des Planspiels kommen; J.F.K. würde noch einmal sterben und seine junge Frau würde noch einmal die Vergewaltigung dieser Raum-Zeit-Konstellation durchleiden. Das beherrschende Element dieser Kollision war die enigmatische Gestalt Ralph Naders, und in der Überschneidung von Genitalien und Autozusammenstößen entstanden ihre Mythen. Er blickte hinter dem Steuerrad auf, als die Aufprallzone von Leuchtkugeln erhellt wurde. In dem Augenblick, als der Wagen vorwärtsschoss, bemerkte er, dass seine beiden Passagiere verschwunden waren.

Der Beschleunigungssitz. Koester zog den Reißverschluss an seiner Hose halb wieder hoch und lehnte sich in dem zerrissenen Polstersitz zurück. Eine Hand hatte er noch immer auf dem Schenkel der jungen Frau, die inzwischen eingeschlafen war. Die ganze hintere Hälfte des Wagens lag voller Abfälle und war nicht gerade der bequemste Ort für einen Liebesakt gewesen. Er hatte die junge Frau getroffen, als sie einer geisterhaften Erscheinung gleich über die Betonbahnen geirrt war, als laufe sie vor ihren eigenen Albträumen davon. Ständig hatte sie von Talbot gesprochen, als wolle sie sich selbst den Entschluss erleichtern, ihn mit Koester zu betrügen. Warum trug sie eine Jackie-Kennedy-Perücke? Er setzte sich auf und versuchte die eingerostete Tür zu öffnen. Die Studenten hatten das Autowrack »Dodge 38« getauft und den Rücksitz mit leeren Bierflaschen und aufgebrauchten Packungen von Antibabypillen dekoriert. Plötzlich schoss der Wagen mit solcher Wucht nach vorn, dass er auf die junge Frau geworfen wurde. Sie wachte auf und zog sich mit einer mechanischen Bewegung den Rock über die Knie. Das ratternde Kabel zwischen den Schienen beschleunigte das Wrack und brachte es auf einen Kollisionskurs mit einer aus der Gegenrichtung heransausenden Limousine. Der Zusammenstoß würde sich unmittelbar vor dem Kameraturm ereignen.

Das Ritual. Talbot sah in dem explosionsartigen Zusammenprall der beiden Wagen eine rituelle Feier der Einheit ihrer weichen Geometrien, die einzigartige Kreation der Pudenda Ralph Naders. Die verstümmelten Körper von Karen Novotny und ihm selbst bewegten sich über die morgendliche Landschaft, wiedererschaffen in hundert zusammenstoßenden Wagen, in den Perspektiven von tausend betonierten Befestigungsanlagen, in den Liebespositionen einer Million kopulierender Paare.

Ineinander verkrallte Körper. Eine Hand auf die Schramme unterhalb seiner linken Brustwarze gepresst, rannte Dr. Nathan hinter Webster her auf die brennenden Wracks zu. Die beiden Wagen hatten sich in der Mitte der Kollisionsbahn ineinandergeschoben und über ihren eingedrückten Hüllen lösten sich gerade die letzten Dampf- und Rauchwolken auf. Webster stieg über den leblosen Körper von Karen Novotny. Sie hatte beide Arme verloren und hing mit dem Gesicht nach unten aus dem hinteren Fenster. Das brennende Benzin hatte das feine Netzwerk des Gewebes auf ihren nackten Schenkeln herausgearbeitet. Webster riss die hintere Tür des Lincoln auf. »Verdammt! Wo ist Talbot?« Dr. Nathan fuhr sich mit der Hand an die Kehle und starrte auf die Perücke, die zwischen den Bierflaschen lag.

Die Helikopter gehen in Flammen auf. Talbot ging hinter der jungen Frau zwischen den brennenden Helikoptern hindurch. Der explodierende Treibstoff fraß breite, weißglühende Bahnen durch die dunklen Felder. Während sie über die von Schaumspritzern bedeckte Betonfläche vor ihm herging, spürte Talbot, dass in dem energischen Rhythmus ihrer Schritte eine aufreizende Berechnung lag. Vor dem brennenden Wrack eines Sikorski hielt er jäh an. Der Körper von Karen Novotny legte sich wie ein Kranz aus fleischfressenden Pflanzen um seine Schenkel und seinen Unterleib.

Das zersplitterte Lächeln. Eine glühende Sonne brannte auf die Vorstadtstraße herunter. Aus dem Autoradio erklang eine ferne verebbende Melodie, die letzte Musik der Quasare. Das lächelnde zersplitterte Gesicht von Karen Novotny huschte über die Windschutzscheibe. Talbot blickte auf und sah sein eigenes Gesicht, das sich in den Konturen einer Plakatwand neben dem Parkplatz herausbildete. Über ihm wachte der gläserne Wall des Wohnblocks über diesem neuralen Intervall, in dem die Zeit stillstand.

3

Die Mordwaffe

Absprungzone Thorax. Die spinale Landschaft, wie sie bei einem Querschnitt durch T-12 sichtbar wird, ist die der durchlöcherten Felsentürme von Teneriffa und des Eingeborenen Oscar Dominguez von den Kanarischen Inseln, der die Technik der Decalcomanie entwickelte und so die erste spinale Landschaft enthüllte. Die klinkerartigen Felsentürme, die in der brütenden Stille des Sumpfes zu schweben scheinen, schaffen eine merkwürdig angsterfüllte Atmosphäre. Die einzige Abwechslung in dieser feindseligen mineralischen Landschaft sind die Ballons, die am klaren Himmel hängen. Sie tragen in großen leuchtenden Buchstaben die Namen »Jackie«, »Lee Harvey« und »Malcolm«. Sie spiegeln sich nicht auf der trüben Fläche des Sumpfes. Hier macht die Zeit keine Zugeständnisse.

Autogoddon. Erwachen: die Betonbrüstung einer Hochstraße. Straßenbauarbeiten; unter der Baustelle rauschen 60 Meter tiefer die Autos und Lastzüge hindurch. Im grellen Licht der Sonne glänzen die geteerten Zwischenräume zwischen den Fahrbahnteilen wie frisch genähte Platzwunden auf einem kahlen Schädel. In einer Entfernung von 10 Schritten steht eine junge Frau und mustert ihn mit unsicheren Blicken. Ihr Kehlkopf bebt, als spreche sie eine unhörbare Litanei. Sie zeigt auf ihren Wagen, der am Straßenrand geparkt ist, und winkt ihn zu sich heran. *Kline, Koma, Xero.* Er erinnert sich an den agilen, vergeistigten Kline und an ihre langen Diskussionen an jenem trostlosen zementierten Strandabschnitt. Unter einer anderen Sonne. Dieses Mädchen ist nicht

Koma. »Mein Wagen.« Ihre Stimme klingt merkwürdig fremd, wie die einer Sprechpuppe. »Ich kann Sie ein Stück mitnehmen. Ich habe Sie gesehen, wie Sie auf der Insel angekommen sind. Es ist als versuche man, den Styx zu überqueren.« Er setzt sich auf und tastet nach seiner Air-Force-Kappe. Die einzigen Worte, die er über die Lippen bringt, sind: »Jackie Kennedy«.

Googolplex. Dr. Lancaster studierte die Wände des leeren Zimmers. Die Mandalas, die mit einer Nagelfeile in den weißen Verputz eingeritzt waren, rotierten wie Feuersonnen auf das Fenster zu. Er betrachtete die Gegenstände auf dem Tablett, das ihm die Krankenschwester hinhielt. »Das sind also die Schätze, die er uns hinterlassen hat – ein Auszug aus Oswalds historischem Tagebuch, eine abgegriffene Reproduktion von Magrittes ›Erscheinung‹ und die Massenzahlen der ersten zwölf radioaktiven Nukleide. Was sollen wir damit anfangen?« Schwester Nagamatzu warf ihm einen abschätzenden Blick zu. »Wie wär's mit Permutieren, Doktor?«, fragte sie kühl. Lancaster ignorierte den frechen Ton ihrer Bemerkung und steckte sich eine Zigarette an. Dieses kleine Flittchen. Wie alle Weiber musste sie im unpassendsten Augenblick ihren aufdringlichen Sexappeal ins Spiel bringen. Eines Tages… »Vielleicht«, sagte er. »Vermutlich werden wir dabei auf Mrs. Kennedy stoßen. Oder auf ihren Gatten. Die Warren-Kommission hat ein neues Hearing anberaumt, wie Sie wissen. Offensichtlich hat man sich noch keine endgültige Gewissheit verschaffen können. Ein höchst ungewöhnlicher Vorgang.« Permutieren? Die theoretische Anzahl der Nukleotid-Konstellationen im DNA-Molekül betrug ja auch nur 10 hoch 120.000! Wie groß musste die Zahl sein, um sämtliche Möglichkeiten dieser drei Gegenstände zu enthalten?

Jackie Kennedy, deine Augenlider zerfallen zu Asche. Das ernste, edle Gesicht der Präsidentenwitwe, auf eine gut 100 Meter hohe Plakatwand aufgemalt, ragt über die Dächer und verliert sich im Dunst an der Peripherie der City. Hunderte solcher Plakate zeigen Jackie in zahllosen vertrauten Posen. Nächste Woche wird vielleicht ein SS-Offizier zu sehen sein, oder Beethoven, oder Christoph Kolumbus, oder Fidel Castro. Noch Wochen später werden die Fragmente dieser Schautafeln die Vorstadtstraßen bedecken. Überall zwischen den Reservoirs von Staines und Shepperton werden mit Jackies Gesicht Freudenfeuer entfacht. Mit einigem Glück findet er einen Job bei der städtischen Müllabfuhr. Er wärmt seine Hände über der Glut enigmatischer Augen. Nachts schläft er unter einem neu aufgeschichteten Scheiterhaufen von Brüsten.

Xero. Von den drei Gestalten, die zu seiner Begleitung bestimmt waren, machte Xero den merkwürdigsten Eindruck. Kline und Koma hielten sich meistens in seiner Nähe auf. Sie saßen ein paar Schritte entfernt auf der Brüstung der verlassenen Autostraße, folgten ihm in einem zweiten Wagen, wenn er zum Radio-Observatorium hinausfuhr, oder warteten draußen, wenn er einen Gang durch die »Schreckensgalerie« machte. Koma war sehr scheu und zurückhaltend, aber mit Kline brachte er hin und wieder eine Unterhaltung zustande; allerdings konnte er sich hinterher nicht mehr erinnern, was sie miteinander gesprochen hatten. Xero dagegen war ein Erzengel, seine rätselhafte Gestalt strahlte eine elektrische Energie aus. Während er durch die menschenleere Landschaft in der Nähe der Hochstraßen ging, schienen sich die Perspektiven hinter ihm zu verschieben. Manchmal, wenn sich Xero der einsamen Gruppe am Straßenrand näherte, formte sein Schatten bizarre Muster auf dem Beton – Transkriptionen geheimnisvoller Formeln und rätselhafter Träume. Diese Idiogramme blieben wie Hieroglyphen einer Rasse von blinden Priestern auf dem grauen Beton zurück, nachdem Xero längst wieder gegangen war, so als habe dieses beängstigende psychische Totem auf dieser Gegend seinen radioaktiven Niederschlag hinterlassen.

Fragen, nichts als Fragen. Karen Novotny sah ihm zu, wie er im Appartement herumging und die Spiegel im Flur und im Badezimmer abmontierte. Er stapelte sie auf dem Couchtisch im Wohnzimmer. Dieser merkwürdige, von den Phänomenen der Zeit geradezu besessene Mann. Jackie Kennedy, Oswald und Eniwetok. Wer war er? Woher kam er? In den drei Tagen, seit sie ihn an der Autostraße aufgegabelt hatte, war nur aus ihm herauszubringen gewesen, dass er früher Pilot einer B-52 mit einer Wasserstoffbombe an Bord gewesen war und dass ihm jetzt aus irgendeinem Grund der Dritte Weltkrieg im Kopf herumging. »Was willst du denn damit bauen?«, fragte sie. Er fügte die Spiegel in Form eines Kastens zusammen. Er blickte kurz von seiner Arbeit auf, sein Gesicht halb verdeckt vom Schirm seiner Air-Force-Kappe. »Eine Falle.« Sie trat neben ihn und sah ihm zu. »Wofür? Die Zeit?« Er strich ihr mit der Hand über die Knie, dann packte er ihren rechten Schenkel, als ob er die Realität wieder in den Griff bekommen wollte. »Für deinen Schoß, Karen. Du hast einen Stern da drin.« Aber er dachte an Koma, die mit Kline in der Espresso-Bar auf ihn wartete, während Xero in seinem weißen Pontiac durch die Straßen fuhr. In Komas Augen schimmerten rätselhafte Runen.

Der unmögliche Raum. Er lag im dämmrigen Licht auf dem Fußboden. Der Raum war ein vollkommener Kubus, seine Decke und die Wände schienen aus Kinoleinwänden zu bestehen. Eine Großaufnahme von Schwester Nagamatzus Gesicht war darauf projiziert. Ihr Mund, auf einen Meter Breite vergrößert, bewegte sich lautlos, während sie in Zeitlupe zu sprechen schien. Wie eine Wolke bewegte sich das riesige Gesicht hinter ihm die Wand hinauf, glitt über die Decke und kam auf der gegenüberliegenden Wand wieder herunter. Später erschien das nachdenkliche Gesicht Dr. Lancasters; es stieg vom Fußboden auf, bis es schließlich die Wände und die Decke überzog – ein Monster, das mit langsamen Lippenbewegungen Worte zu formen schien.

Strandkommando. Er ging den zum Meer hin abfallenden Betonwall der Uferbefestigung hinauf. Von oben blickte er über das flache, endlose Terrain, dessen Horizont einige Bohrtürme in der Ferne bildeten. Zwischen Sandhaufen und aufgeplatzten Zementsäcken lagen alte Autoreifen und Bierflaschen. Guam, 1947. Er ging weiter, über halb zerfallene Baustellen und Bewässerungsanlagen, auf eine verrostete Wellblechhütte zu. Dort begann er, die Fragmente einer Art Existenz zusammenzusetzen. In der Hütte fand er einen Satz psychologische Tests. Obwohl er die Fragen, die er beantwortete, nicht auswerten konnte, schienen sie doch so etwas wie eine Identität herzustellen. Er verließ die Hütte zu einem Erkundungsgang und kam mit einigen Dokumenten und einer Coca-Cola-Flasche zurück.

Pontiac Starchief. Zweihundert Schritte von der Hütte entfernt saß ein Pontiac, dessen Räder abmontiert waren, im Sand. Der Gedanke, diesen Wagen hier vorzufinden, beunruhigt ihn. Oft sitzt er stundenlang darin und probiert die Sitze aus. Unter dem Gerümpel im Sand findet er eine Schreibmaschine, bei der die Hälfte der Tasten fehlt. Aus den verbliebenen Tasten ergeben sich fragmentarische Sätze, die hin und wieder einen Sinn zu haben scheinen. Dann schneidet er sich am abgesplitterten Hals der Coca-Cola-Flasche den Fuß auf und liegt einige Tage mit Fieber in seiner Hütte. Glücklicherweise findet er eine unvollständige Anleitung zur Beschäftigungstherapie für angehende Astronauten; sie umfasst die erste Hälfte eines 80-Stunden-Abschnitts.

Koma: erscheint in Abständen von 1 Million Jahren. Komas Ankunft fällt zusammen mit dem Zeitpunkt, als sein Fieber abzuklingen beginnt. Obwohl sie die Hütte nie betritt, ergibt sich doch eine Art Einvernehmen. Zuerst möchte sie dauernd auf der kaputten Schreibmaschine Gedichte tippen. Später verbringt sie einen Teil ihrer Zeit bei einer alten Sonnenenergieanlage und verliert sich in dem Gewirr der Spiegel. Kurze Zeit danach erscheint Kline und setzt sich an den Tisch, der zwanzig Schritte von der Hütte entfernt im Sand steht. Im Hintergrund, eine halbe Meile entfernt, ist Xero damit beschäftigt, zwischen den Bohrtürmen riesige Cinemascope-Displays zusammenzubauen, auf denen die liegenden Gestalten von Oswald, Jackie Kennedy und Malcolm X zu sehen sind.

Pränatale Ansprüche. »Der Autor«, schrieb Dr. Lancaster, »ist zu der Erkenntnis gelangt, dass sich bei dem Patienten ein bestimmter Typus der Objektrelation herausgebildet hat. Dieser beruht auf dem ständigen und unwiderstehlichen Verlangen, mit dem Objekt zu einer undifferenzierten Masse zu verschmelzen. Obwohl der Psychoanalyse der archaische Mechanismus des ›Rapprochement‹ nicht zugänglich ist, kann sie sich doch mit der neurotischen Superstruktur befassen und die Wahl des Patienten auf stabile und nützliche Objekte hinlenken. Im vorliegenden Fall sollte die frühere Tätigkeit des Patienten als Kampfflieger berücksichtigt werden, ebenso wie die unbewusste Rolle von thermonuklearen Waffen bei der Herbeiführung einer totalen Fusion der gesamten Materie. Was die Abwehrreaktion des Patienten hervorruft, ist ganz einfach die Phänomenologie des Universums, die spezifische und voneinander unabhängige Existenz isolierter Gegenstände und Ereignisse, gleichgültig wie trivial und harmlos sie auch erscheinen mögen. An einem Löffel zum Beispiel stört ihn die bloße Tatsache, dass er in Raum und Zeit existiert. Mehr noch: Man könnte sagen, dass ihm die eindeutige, unwiederholbare, wenn auch weitgehend zufällige Konfiguration der Atome des Universums an einem gegebenen Punkt und zu einer gegebenen Zeit eben *wegen* dieser ihrer einmaligen und besonderen Identität lächerlich erscheint…« Dr. Lancaster legte seinen Füllfederhalter beiseite und schaute hinunter auf den Garten der Anstalt. Traven stand in der Sonne und machte gymnastische Übungen, die er mehrmals wiederholte (vermutlich, um die Zeit und die Ereignisse in diesen ständigen Wiederholungen ihrer Sinnlosigkeit zu überführen…).

»**Aber ist denn Kennedy nicht längst tot?**« Captain Webster studierte die Dokumente, die Dr. Lancaster auf dem Tisch ausgebreitet hatte. Es waren: (1) ein Spektroheliogramm der Sonne; (2) ein Foto vom Rollfeld und den Take-off-Checks für die B-29 Superfortress »Enola Gay«; (3) ein Elektroenzephalogramm von Albert Einstein; (4) ein Querschnitt durch einen präkambrischen Trilobit; (5) ein Foto des Sandmeeres in der Qattara-Senke, aufgenommen am Mittag des 7. August 1945; (6) eine Reproduktion von Max Ernsts »Garten-Flugzeug-Falle«. Er wandte sich zu Dr. Lancaster um. »Und Sie meinen also, dass dies zusammengenommen eine tödliche Waffe darstellt?«

»**Nicht in dem Sinne, wie Sie meinen.**« Dr. Lancaster bedeckte die Beweisstücke mit einem Tuch. Der Zufall wollte es, dass sich darunter die Konturen einer aufgebahrten Leiche abzeichneten.
»Nicht in dem Sinne, wie Sie meinen. Dies ist ein Versuch, den ›uneigentlichen‹ Tod des Präsidenten herbeizuführen – uneigentlich

im Sinne von koexistent oder als Folge einer Wechselwirkung. Die Tatsache, dass ein bestimmtes Ereignis stattgefunden hat, ist noch kein Beweis dafür, dass es sich um ein gültiges Ereignis handelt.« Dr. Lancaster ging ans Fenster. Es hatte den Anschein, als sei er bei der nun folgenden Suche auf sich allein gestellt. Wo sollte er beginnen? Zweifellos würde sich Schwester Nagamatzu gut als Köder eignen. Das Flittchen hatte einmal als Taxigirl im größten Nachtclub der Welt in Osaka gearbeitet, der sinnigerweise auch noch »The Universe« geheißen hatte.

Radiowellen unbekannter Herkunft. Kassiopeia. Karen Novotny wartete, während er den Wagen auf einem Feldweg parkte. Hinter den Weiden, eine halbe Meile entfernt, glänzten die stählernen Schalen der Radioteleskope im Sonnenlicht. Hier also sollte der Anschlag verübt werden? Worauf eigentlich, auf den Himmel? Sonst gab es hier doch weit und breit nichts. Die ganze Woche waren sie durch die Gegend gejagt, hatten stundenlang die Konferenz über Neuropsychiatrie über sich ergehen lassen, Kunstgalerien besucht, sogar einen Rapide gemietet und einen Rundflug über die Reservoirs von Staines und Shepperton gemacht. Der ständige Zwang, Ausschau zu halten, hatte ihr Augenschmerzen verursacht. »Sie sind 400 Fuß hoch«, hatte er zu ihr gesagt. »Dazu brauchst du weiß Gott kein Fernglas.« Was mochte er nur gesucht haben? Die Radioteleskope? Oder die Riesenmadonnen, von denen er nachts ständig im Schlaf geredet hatte? »Xero!«, hörte sie ihn rufen. Mit der Geschmeidigkeit eines Akrobaten sprang er über die Motorhaube des Wagens und rannte über die Wiese. »Komm mit!«, rief er ihr über die Schulter zu. Sie lief hinter ihm her, die schwarze Jackie-Kennedy-Perücke sorgfältig in beiden Händen haltend, so gut es der schnelle Lauf zuließ. Eines der Radioteleskope hatte sich in Bewegung gesetzt. Seine riesige Schale drehte sich in ihre Richtung.

Madame Butterfly. Die Hand auf die Wunde unterhalb ihrer linken Brust gepresst, stieg Schwester Nagamatzu über den leblosen Körper von Captain Webster und lehnte sich an das Drehgestell des Teleskops. Die stählerne Schale, 80 Fuß über ihr, hatte aufgehört sich zu drehen und warf das mehrfach verstärkte Echo der Gewehrschüsse zurück. Sie würgte krampfhaft, bis es ihr gelang, das Blut auszuspucken. Winzige Fetzen Lungengewebe sprenkelten die glänzenden Schienen des Drehgestells. Die Kugel hatte zwei Rippen durchschlagen, den linken Lungenflügel zerfetzt, und war dann unterhalb des Schulterblatts steckengeblieben. Bevor es vor ihren Augen dunkel wurde, erhaschte sie noch einen letzten Blick von der weißen amerikanischen Limousine, die über die Rollbahn neben dem Kontrollturm preschte, vorbei an dem Stapel der alten Bomberflugzeuge. Die Runways des ehemaligen Flugplatzes schossen in alle Richtungen von ihr weg. Sie sah, dass Dr. Lancaster genau in der Bahn des heransausenden Wagens kniete und völlig selbstvergessen an einer Spiegelskulptur arbeitete. Sie versuchte, sich die Perücke vom Kopf zu ziehen, und fiel seitwärts über die Schienen.

Der unfreiwillige Striptease der Braut. Am Eingang zum Teepavillon blieb Margaret Traven stehen. Sie hatte die hochgewachsene Gestalt Captain Websters erkannt, der sie von der Ausstellungshalle aus beobachtete. Duchamps Glaskonstruktion, eine Leihgabe des Museum of Modern Art, erinnerte sie an die zwielichtige Rolle, die sie vermutlich zu spielen haben würde. Dies war ein Schachspiel, in dem sie bei jedem Zug mattgesetzt werden konnte. Wie konnte sie nur ihrem Mann helfen, diesem gequälten Mann, verfolgt und gehetzt von Furien, die grausamer waren als die vier Reiter der Apokalypse, verfolgt selbst von den unumstößlichen Fakten von Raum und Zeit...? Sie zuckte zusammen, als Webster ihren Ellbogen ergriff. Er wandte sich zu ihr um und sah ihr in die

Augen. »Sie brauchen einen Drink. Gehen wir hinein und setzen wir uns. Ich werde Ihnen erklären, warum dies für uns so wichtig ist.«

Das Lächeln der Venus. Von der Rollbahn herauf starrte ihn das leichenblasse Gesicht der Präsidentenwitwe an. Verwirrt von diesen Gesichtszügen, die die Starrheit einer japanischen Maske besaßen, mit all ihren Erinnerungen an Hiroshima und Nagasaki, blickte er hinüber auf die Schale des Teleskops. Aus einer Entfernung von zwanzig Jahren beobachtete ihn Dr. Lancaster; die Skulptur vor ihm reflektierte dutzendweise Fragmente seines Kopfes und seiner Arme. Kline und Koma entfernten sich entlang der Eisenbahnschienen.

Einstein. »Die Vorstellung, dass dieser große Schweizer Mathematiker nichts als Pornographie verfasst habe, wird Ihnen sicher wie ein schlechter Witz vorkommen«, sagte Dr. Lancaster zu Webster. »Immerhin, Sie müssen bedenken, dass die Wissenschaft für Traven einen eklatanten Fall von Pornographie darstellt, da ihr analytisches Vorgehen darauf abzielt, die Gegenstände oder Ereignisse aus ihrem Raum-Zeit-Kontext herauszulösen. Dieses Besessensein von der spezifischen Aktivität quantifizierter Funktion ist es, was Wissenschaft und Pornographie gemeinsam haben. Welch ein Unterschied etwa zu Lautréamont, der auf einem Operationstisch Nähmaschine und Regenschirm zusammenbrachte und die Pudenda des Wohnzimmerteppichs gleichrangig mit dem verwesenden Gewebe eines Tierkadavers behandelte.« Mit einem belustigten Lachen wandte er sich nach Webster um. »Man kann sich schon auf den Tag einrichten, wenn die *Allgemeine Relativitätstheorie* und die *Principia Mathematica* dem *Kamasutra* unter dem Ladentisch Konkurrenz machen werden!«

Augen voller Runen. In dieser Schlussphase wurde er sich der ständigen Gegenwart dieser über ihm wachenden Trinität Koma–Kline–Xero immer deutlicher bewusst. Alle drei machten jetzt den Eindruck, als seien sie im Vergleich zu früher viel mehr in Gedanken versunken. Kline schien seinen Blicken auszuweichen, und wenn er an dem Café vorbeiging, in dem Kline und Koma zusammen warteten, wandte sich dieser brüsk ab und zeigte ihm die kalte Schulter. Nur Koma, mit ihren Augen voller Runen, beobachtete ihn mit einiger Sympathie. Es war, als spürten sie alle, dass jetzt plötzlich etwas fehlte. Er erinnerte sich an die Dokumente, die er in der Nähe der Hütte gefunden hatte.

Im technischen Sinne. Websters Hand zögerte an Karen Novotnys Reißverschluss. Er lauschte den letzten Takten der Mahler-Symphonie, die aus dem Lautsprecher im Schlafzimmer drangen. »Sein Bomber machte eine Bruchlandung«, erklärte er. »Vier Besatzungsmitglieder kamen dabei ums Leben. Als man ihn herauszog, lebte er noch, aber während man ihn operierte, versagten an einem bestimmten Punkt sein Herz und sämtliche Lebensfunktionen. Im technischen Sinne war er für die Dauer von 2 Minuten tot. Jetzt, nach all dieser Zeit, sieht es so aus, als sei während jener kurzen Periode seines Todes etwas abhandengekommen. Vielleicht seine Seele; die Fähigkeit, in einen Zustand der Gnade zu gelangen. Lancaster würde es die Fähigkeit nennen, die Phänomenologie des Universums zu akzeptieren, die Bedingungen seines eigenen Bewusstseins. Dies ist Travens Hölle. Wie du siehst, versucht er, zwischen den Dingen, die ihm ständig entgleiten, Verbindungen herzustellen, Brücken zu bauen. Diese ganze Geschichte mit Kennedy zum Beispiel: Er möchte Kennedy noch einmal sterben lassen – aber auf eine Weise, die einen Sinn ergibt.«

Die Wasserwelt. Margaret Traven ging in der Dunkelheit über die Verbindungswege zwischen den Reservoirs. Eine halbe Meile entfernt bildete der Damm einen erhöhten Horizont, der diese Welt der Wassertanks und Pumpanlagen mit einer beinahe erdrückenden Stille umschloss. Die unterschiedlichen Wasserspiegel in den Tanks schienen der feuchten Luft, die in trägen Schwaden auf der Anlage lastete, eine zusätzliche Dimension zu verleihen. Hundert Meter vor sich erkannte sie ihren Mann, der eilig über eine der weiß gestrichenen Verbindungsbrücken ging und über eine Treppe nach unten verschwand. Was suchte er hier? War diese Wasserwelt der Ort, an dem er auf eine Wiedergeburt hoffte – in diesem quantifizierten Schoß mit seinen Dutzenden von amniotischen Ebenen?

Ein existentielles Ja. Sie wichen ihm nicht nur aus, sie schickten sich an, ihn zu verlassen. Als er zur Hütte zurückkam, stellte er fest, dass Kline, Koma und Xero ihm nicht mehr entgegenkamen. Einige hundert Meter entfernt sah er sie ziellos umherwandern, und allmählich verloren sich ihre nur noch schwach zu erkennenden Gestalten zwischen den Baustellen und aufgeschütteten Erdwällen. Die Cinemascope-Displays von Jackie, Oswald und Malcolm X lösten sich unter den Windstößen langsam in Fetzen auf. Eines Morgens erwachte er und sah, dass sie verschwunden waren.

Die Endzone. Er lag im Sand, vor sich das Vorderrad eines alten, verrosteten Fahrrads. Hin und wieder bedeckte er einige der Speichen mit Sand und neutralisierte so die radiale Geometrie. Die Krümmung der Felge interessierte ihn. Die Hütte lag von hier aus gesehen hinter einer Düne und schien nicht länger zu seiner Welt zu gehören. Der Himmel blieb unverändert, die Luft war warm.

Aus dem Sand ragten die Überreste des psychologischen Tests, den er zerrissen hatte. Er fuhr fort, das Rad zu untersuchen. Nichts geschah.

4

Du: Koma: Marilyn Monroe

Das Ankleiden der Braut. Als sie gegen Mittag aufwachte, saß Tallis auf dem stählernen Hocker neben dem Bett, die Schultern an die Wand gepresst, als versuche er, eine möglichst große Distanz zu dem sonnenbeschienenen Balkon zu wahren, der wie eine Falle auf ihn wartete. Seit sie einander vor drei Tagen in dem nahe am Strand gelegenen Planetarium getroffen hatten, war er fast ständig damit beschäftigt, kreuz und quer durch das Appartement zu gehen, als wolle er mit seinen Bewegungen ein unsichtbares Labyrinth konstruieren. Als sie sich im Bett aufsetzte, stellte sie überrascht fest, dass das Appartement plötzlich wie ausgestorben schien. Eine große Stille war mit ihm eingekehrt, die Stille einer Eiswüste, in der sich die weißen Wände des Appartements in willkürliche eingefrorene Ebenen zu arrangieren schienen. Sie spürte, wie er ihren nackten Körper anstarrte, und streifte sich hastig ein Kleid über.

Fragmentierung. Für Tallis war dieser Aufenthalt in ihrem Appartement eine Zeit zunehmender Fragmentierung. Der völlig unsinnige Entschluss zu einer Ferienreise hatte ihn in diesen kleinen verlassenen Badeort geführt. Stundenlang hatte er in seinem verschossenen Flanellanzug auf den leeren Terrassen der Cafés gesessen, die um diese Jahreszeit alle geschlossen waren. Die Erinnerung an den Strand war schon wieder verblasst. In der Fensterfront des angrenzenden Appartementhauses spiegelten sich die Erhebungen der Dünen. Die junge Frau schlief fast den ganzen Tag, im Appartement war es still, rings um ihn herum öffneten sich die weißen Räume. Er war geradezu besessen vom Weiß dieser Wände.

Der »weiche« Tod der Marilyn Monroe. Während er Karen Novotny bei ihrer Morgentoilette zusah, schien es ihm, als habe ihr Körper dieselbe Glätte und Kühle wie die gefrorenen Ebenen der Wände. Doch in einer zeitlichen Verschiebung würden die weichen Übergänge verschwinden, und es würde nur noch eine einheitlich harte, klinkerartige Fläche zurückbleiben. Er musste an »Das Ankleiden der Braut« von Max Ernst denken: Marilyns vernarbte Haut, ihre Brüste wie aus Bimsstein modelliert, ihre Schenkel in Lava gegossen, ihr Gesicht zu Asche zerfallen.

Unbegrenzte Teilbarkeit. Anfangs, als sie einander in dem menschenleeren Planetarium zwischen den Dünen begegnet waren, hatte er sich noch an Karen Novotnys Gegenwart geklammert. Er hatte den ganzen Tag die Dünenlandschaft durchstreift, auf der Flucht vor den Blöcken der Appartementhäuser, die in der Ferne über die verschwimmenden Linien der Sanddünen ragten. Die sanft abfallenden Hänge, die sich wie ein riesiges Hindu-Yantra in zahllosen unterschiedlichen Neigungen der Sonne zuwandten, trugen überall die verwischten Markierungen seiner Fußspuren. Auf der zementierten Plattform vor dem Planetarium sah ihm die junge Frau im weißen Kleid entgegen wie eine Mutter, die nach ihrem Kind Ausschau hält.

Die Enneper-Fläche. Tallis fiel sofort auf, wie sehr die Verbindung ihrer Gesichtszüge den Dünen um sie herum glich. Als sie ihm eine Zigarette anbot, ergriff er unwillkürlich ihr Handgelenk und betastete die Verbindung von Elle und Handwurzelknochen. Er folgte ihr über die Dünen. Die junge Frau war für ihn eine geometrische Gleichung, das Modell einer Landschaft. Die Wölbungen ihrer Brüste und ihres Gesäßes waren eine schematische Darstellung der negativ-konstanten Krümmung der Enneper-Fläche, des Differentialkoeffizienten des Pseudoraums.

Falsche Raum- und Zeitverhältnisse des Appartements. Diese gewölbten Flächen fanden ihre Entsprechung in den geradlinigen Flächenproportionen des Appartements. Die rechten Winkel, die die Wände mit der Decke bildeten, waren Fixpunkte eines gültigen Zeitsystems – im Gegensatz zu der erdrückenden Kuppel des Planetariums, die nichts als eine unendlich langweilige Symmetrie ausstrahlte. Er beobachtete Karen Novotny, wie sie durch die Zimmer ging, und verglich die Bewegungen ihrer Hüften und Beine mit der architektonischen Beziehung von Decke und Fußboden. Diese junge Frau mit ihren kühlen, sparsamen Bewegungen war ein Modul; indem er ihre Bewegungen multiplizierte und in die Raum- und Zeitverhältnisse des Appartements übertrug, würde er eine gültige Existenzeinheit erhalten.

Suite mentale. Karen Novotny fand ihrerseits in Tallis einen kinetischen Ausdruck ihrer eigenen abstrakten Stimmungen und Zerstreutheit, jener Entropie, die seit dem Ende der Saison in diesem verlassenen Küstenort immer mehr von ihrem Leben Besitz ergriffen hatte. Seit einigen Tagen hatte sie ein zunehmendes Gefühl der Körperlosigkeit, als ob ihre Gliedmaßen und ihre Muskulatur nur noch eine bloße Positionsangabe ihres Körpers in der ihn umgebenden Landschaft seien. Sie richtete Tallis das Essen und reinigte seinen Anzug. Über das Bügelbrett gebeugt sah sie aus den Augenwinkeln, wie seine hochgewachsene Gestalt in den räumlichen Proportionen des Appartements aufzugehen schien. Ihr Geschlechtsakt, wenige Minuten später, war ein reziprokes Ritual zwischen ihren Körpern und dem Raum-Zeit-Kontinuum, das sie einnahmen.

Das ausgestorbene Planetarium. Das gleichmäßig bleiche Licht der Tagundnachtgleiche lag über dem weißen, zementierten Vorplatz am Eingang des Planetariums. Die von deutlichen Sprüngen durchzogene Kuppel sah wie ein Abguss der rissigen Mulden aus, die rings herum verstreut lagen. Er dachte wieder an die wie von Erosionen zerfressenen Brüste der Marilyn Monroe. Die Blocks der Appartementhäuser in der Ferne, halb verdeckt von den Dünen, enthielten kein Zeichen von Leben. Tallis saß an einem der grün gestrichenen eisernen Tische auf der Terrasse des Cafés und kratzte mit einem verkohlten Streichholz an den weißlichen Kotspritzern der Möwen, die durch das zerfledderte Sonnensegel auf die Tischplatte gefallen waren. Als er die Lichtreflexe des anfliegenden Helikopters sah, stand er auf.

Ein stummes Tableau. Der Sikorski schwebte geräuschlos über den Dünen ein; der Luftdruck seiner Rotoren trieb den feinen Sand an den Hängen hinunter. Die Maschine landete in einer flachen Mulde neben dem Planetarium. Tallis ging darauf zu. Dr. Nathan stieg aus und machte ein paar unsichere Schritte auf dem losen Sand. Die beiden Männer schüttelten sich die Hände. Nach einer Pause, während der er Tallis aufmerksam musterte, begann der Psychiater zu sprechen. Während sich seine Lippen lautlos bewegten, fixierte er Tallis mit einem durchbohrenden Blick. Er machte eine Pause und setzte noch einmal an; krampfhaft bewegte er seine Lippen und Backenknochen, als versuche er, seine Zähne von einer kaugummiartigen Substanz zu befreien. Als er trotz wiederholter Anstrengungen keinen Laut über die Lippen brachte, wandte er sich um und stieg wieder in den Helikopter. Die Maschine hob lautlos ab und flog davon.

Erneutes Auftauchen von Koma. Sie erwartete ihn auf der Terrasse des Cafés. Als er sich zu ihr setzte, sagte sie: »Kannst du Lippen lesen? Ich werde dich nicht danach fragen, was er gesagt hat.« Tallis steckte die Hände in die Taschen seines frischgebügelten Anzugs und lehnte sich zurück. »Er hat sich jetzt damit abgefunden, dass ich geistig völlig normal bin – jedenfalls soweit dieser Begriff überhaupt noch etwas besagt; er scheint heutzutage mehr und mehr an Bedeutung zu verlieren. Das eigentliche Problem ist eine Frage der Geometrie: die Frage nach der Bedeutung dieser Dünen und Ebenen.« Er warf einen Blick auf Komas Gesicht mit den hoch hervorstehenden Backenknochen. Sie sah dem toten Filmstar immer ähnlicher. Wie musste der Code beschaffen sein, der sowohl auf dieses Gesicht wie auf Karen Novotnys Appartement zutraf?

Dünen-Arabeske. Später, als er über die Dünen wanderte, sah er die Tänzerin. Ihr wohlgeformter Körper steckte in einem weißen Trikot, sodass sie gegen die flach abfallenden sandigen Hänge nur durch das Auf und Ab ihrer Bewegungen erkennbar war. Sie bewohnte das Appartement gegenüber dem von Karen Novotny und ging jeden Tag hinaus in die Dünen, um ihre Übungen zu machen. Tallis setzte sich auf das Dach eines im Sand versunkenen Autos. Ihre tänzerischen Bewegungen hinterließen rätselhafte Zeichen auf den Zeitebenen dieses Yantras; Symbole, die in einer transzendentalen Geometrie aufzugehen schienen.

Afrikanische Impressionen. Ein flacher Küstenabschnitt; glasige Luft wie aus Bernstein; Bohrtürme und Anlegebrücken im braunen Wasser der Lagune; die silberne Geometrie einer Raffinerie, eine Anhäufung von Zylindern und Würfeln, überlagert vom fernen Plateau der Berge; eine einzelne Horton-Kugel, ein enigmatischer Ballon, durch ein stählernes Gestell im Sand verankert; die einzigartige Klarheit des afrikanischen Tages; von Rillen durchzogene Hochebenen und felsige gezackte Bastionen; die endlose neurale Geometrie der Landschaft.

Das Beharrungsvermögen des Strandes. Die weiß glänzenden Seiten der Dünen erinnerten ihn an Karen Novotnys Körper, an das Diorama dieser Hügellandschaft aus Fleisch: die breiten, taktilen Fahrbahnen ihrer Schenkel, die ausladenden Piazze von Bauch und Pelvis, die wulstigen Arkaden der Schamlippen. Unter dem Eindruck dieser Küstenlandschaft, in die er Karens Körper terrassenförmig eingelagert sah, verblasste die Erinnerung an die junge Frau, die jetzt in ihrem Appartement schlief. Im Geiste ging er den Konturen ihres in die Landschaft verlagerten Brustkorbs nach. Welche Zeit ließ sich wohl an den sanft abfallenden Flächen dieser anorganischen Muskulatur und den verschwimmenden Ebenen dieses Gesichts ablesen?

Die Himmelfahrt der Sanddüne. Diese Venus der Dünen sah Tallis in den Mittagshimmel aufsteigen. Die poröse Fläche der Sandhügel – eine Erinnerung an die verwitterten Wände des Appartements, an die wie aus Bimsstein modellierten Brüste und die zu Asche zerfallenen Schenkel des toten Filmstars – begann unter den Windstößen zu wabern.

Reale Raum- und Zeitverhältnisse des Appartements. Tallis erkannte in den weißen senkrechten Wänden des Appartements Aspekte dieser Jungfrau der Sanddünen, deren Himmelfahrt er erlebt hatte. Das Appartement war eine kastenförmige Uhr, eine kubische Extrapolation der Gesichtsebenen des Yantras und der Backenknochen von Marilyn Monroe. In der Starre der Wände schien der ganze Schmerz der Filmschauspielerin eingefroren zu sein. Er war in dieses Appartement gekommen, um das Rätsel ihres Selbstmords zu lösen.

Abreise. Als Koma eintraf, um ihn abzuholen, erhob er sich aus seinem Stuhl, neben dem Karen Novotnys Leiche auf dem Fußboden lag. »Bist du fertig?«, fragte sie. Tallis ließ die Jalousien an den Fenstern herunter. »Wahrscheinlich wird hier das ganze Jahr niemand mehr herkommen.« Koma packte im Flur seine Sachen zusammen. »Heute Morgen hab ich den Helikopter gesehen. Er ist nicht gelandet.« Tallis trat hinter den mit weißem Kunstleder bespannten Schreibtisch und riss das Telefonkabel aus der Wand. »Vielleicht hat es Dr. Nathan inzwischen aufgegeben.« Koma setzte sich neben Karen Novotnys Leiche auf den Fußboden. Sie sah Tallis fragend an, und er zeigte in die Ecke. »Sie stand genau im Winkel zwischen diesen beiden Wänden.«

Mord. Tallis stand hinter der Tür zum Flur, geschützt gegen die grelle Sonne, die auf den Balkon herunterbrannte, und betrachtete den weißen Würfel des Zimmers. Hin und wieder ging Karen Novotny durch das Zimmer und vollführte eine Reihe von scheinbar unzusammenhängenden Bewegungen. Schon begann sie die klaren Perspektiven des Raumes zu stören, schon verwandelte sie ihn in das Innere einer ungenauen Uhr. Sie bemerkte Tallis hinter der Tür und ging auf ihn zu. Er wartete darauf, dass sie endlich das Zimmer verließ. Ihre Gestalt unterbrach die Verbindung der beiden Wände in der Ecke rechts neben ihm. Nach ein paar Sekunden war ihre Gegenwart zu einer unerträglichen Störung der Zeitgeometrie des Raumes geworden.

Epiphanie dieses Todes. Unverändert enthielten die Wände des Appartements das ruhige verklärte Gesicht des toten Filmstars, die weiche Zeit der Dünen.

5

Notizen zu einem geistigen Kollaps

Die Aufprallzone. Der tragische Misserfolg dieser Isolationstests, die Trabert nach vielem Drängen noch kurz vor seinem Ausscheiden entworfen hatte, sollte noch ungeahnte Folgen haben – sowohl für die Zukunft des Instituts wie für die bereits reichlich gespannten Beziehungen zwischen den Mitgliedern des Forschungsteams. Catherine Austen stand im Eingang zu Traberts Büro und beobachtete, wie sich das Flimmern des Fernsehschirms auf den Dias mit den herauspräparierten spinalen Ebenen spiegelte. Die vergrößerten Bilder der Wochenschaufilme von Kap Kennedy huschten über die Decke und die gekachelten Wände und verwandelten den Raum in eine riesige kubische Filmleinwand. Sie starrte auf das Manuskript des Filmkommentars auf Traberts Schreibtisch und hörte auf das schwache Gemurmel, das von der Tonspur kam. Die Stimme des Kommentators klang wie eine Anspielung auf die nie ganz greifbare Sexualität dieses seltsamen Mannes, auf den falschen Tod der drei Astronauten in der Apollo-Kapsel und auf die zerfurchten Landschaften, die von den Absolventen der Isolationstests in ihren letzten Sendungen so plastisch beschrieben worden waren.

Der höfliche Wassermann.* Margaret Trabert lag auf dem blutdurchtränkten Bettlaken; sie war sich unschlüssig, ob sie sich jetzt,

* Gemeint ist der nach dem Arzt August von Wassermann (1866–1925) benannte Nachweis der Syphilis im Blutserum und in der Rückenmarksflüssigkeit. (Anm. d. Übers.)

da Trabert die zerschlissene Fliegerjacke von seinem Kleiderständer genommen hatte, wieder anziehen sollte. Den ganzen Tag hatte er die Meldungen der Piratensender abgehört, seine Augen hinter einer Sonnenbrille verborgen, als wolle er sich den weißen Wänden des Appartements und seinen noch instabilen Dimensionen entziehen. Er ging ans Fenster, und während er ihr den Rücken zuwandte, spielten seine Hände mit den Fotografien der Testpersonen. Er drehte sich um und sah herunter auf ihren nackten Körper, der jetzt so entblößt und wehrlos war wie die amorphen Gesichter der Testpersonen – diese Chiffren rätselhafter Albträume. Die letzte Woche ihres Beisammenseins hatte ganz unter dem Eindruck ihres körperlichen Versagens gestanden; es glich der verkohlten Muskulatur der drei Astronauten, die post mortem aus Kap Kennedy übertragen wurde. Er zeigte auf die Fotografie eines bleichgesichtigen jungen Mannes, die wie die Ikone eines algebraischen Magus über dem Bett hing.
»Kline, Koma, Xero – und dann war da noch ein vierter Astronaut in der Kapsel: Er ist jetzt in deinem Schoß.«

Die Universität des Todes. Diese erotischen Filme, dominiert von der verstümmelten Gestalt Ralph Naders, flimmerten über Dr. Nathans Kopf hinweg, während er zwischen den Reihen der zerbeulten Wagen entlangging. Unter dem Schein der Bogenlampen verstärkten die Aufnahmen von den Kollisionstests die zweideutige Sexualität, die über dieser verlassenen Autokolonne lag.

Indikatoren sexueller Erregung. Während die nächsten Filmrollen eingelegt wurden, sah Dr. Nathan, wie Trabert die Fotografien auf den Windschutzscheiben der demolierten Wagen anstarrte. Vom Balkon seines Büros aus folgte ihm Catherine Austen mit unsicheren Blicken. Ihre Beinstellung, ein unübersehbares Indiz für ihre sexuelle Erregung, bestätigte Dr. Nathan seine Vermutungen hinsichtlich Traberts Beschäftigung mit den Ereignissen von Dealey Plaza. Er hörte, wie die Kameraleute hinter ihm in überraschte Rufe ausbrachen. Ein riesiges Bild von Jacqueline Kennedy war auf der Leinwand erschienen. Ein bärtiger junger Mann mit fortgeschrittenem neuromuskularem Tremor in beiden Beinen stand in dem gleißenden Licht; sein lamellierter Anzug war in das leuchtende Rot von Mrs. Kennedys Mund getaucht. Während er über die zerfetzten Leiber der Schaufensterpuppen auf Trabert zuging, sprang der Film plötzlich über auf das Bild einer Massenkarambolage, eine lautlose Ziehharmonika aus Geschwindigkeit und Zerstörung.

Die Übergangszone. Trabert bereitete seine Abreise vor. An den Grenzen seines Bewusstseins warteten Elemente apokalyptischer Landschaften; abgestürzte Helikopter schwelten zwischen zerknickten Fernleitungsmasten. Sorgfältig darauf bedacht, von niemandem gesehen zu werden, verbrachte er die nächsten Stunden in seinem leeren Appartement in der Nähe des Flughafens. Er trug seine alte Fliegerjacke und hörte sich die endlosen Berichte aus Kap Kennedy an – wobei es für ihn längst feststand, dass diese Übertragungen nicht von regulären Rundfunkstationen gesendet wurden. Der Tod der drei Astronauten in der Apollo-Kapsel ging auf ein Versagen des Codes zurück, der die Orientierungsformeln für ihren Flug durch die Räume ihres Bewusstseins enthielt. Zahlreiche Faktoren bestätigten die Richtigkeit dieser Feststellung: die verschobenen Perspektiven des Appartements; die Tatsache, dass er das Gefühl für seinen eigenen Körper und den seiner Frau verloren hatte (er lief ruhelos durch die Zimmer, als sei es ihm unmöglich, die Volumen seiner Gliedmaßen und seines Thorax zusammenzuhalten); die Todesserien von Ralph Nader auf den Plakaten entlang der Zufahrtsstraßen zum Flughafen. Als er schließlich den jungen Mann in dem lamellierten Anzug erkannte, der von dem verlassenen Park aus zu ihm hochsah, wusste er, dass der Zeitpunkt für seinen Rettungsversuch gekommen war: für die Auferstehung der toten Astronauten.

Algebra des Himmels. Als Trabert am nächsten Morgen erwachte, näherten sie sich auf einer der Zufahrtsstraßen der ausgestorbenen City; um sie herum das typische Terrain der städtischen Randzonen – baufällige Hütten und Tankstellen; Überlandleitungen, in deren Drähten sich eine längst vergessene Algebra des Himmels zu spiegeln schien. Als die Helikopter auftauchten, ließen sie den Wagen stehen und liefen querfeldein. Mit heulenden Sirenen rasten hinter ihnen die Streifenwagen vorbei. Neben ihm quälte sich der junge Mann im Raumanzug über das unebene Terrain. Von Helikoptern und seltsamen Polizeikommandos gehetzt, flüchteten sie sich in ein Baseballstadion. Trabert setzte sich am Rand des Spielfeldes auf den Boden und sah dem jungen Mann zu, der planlos auf dem Rasen hin- und herlief, als ob er in diesem sinnlosen Labyrinth seine Identität wiederzufinden hoffte. Kline ging zwischen den Skulpturen im Innenhof des Flughafengebäudes hin und her. Sein waches, vergeistigtes Gesicht enthielt für Trabert die Ankündigung, dass sein Rendezvous mit Koma und Xero nun bald stattfinden würde.

Gestalten aus dem Unterbewusstsein. Xero: Heißgelaufen von einer Million Programmen, hatte diese Gestalt für Trabert eine erschreckende Ähnlichkeit mit einer riesigen neuralen Vermittlungsanlage. Während er auf dem Rücksitz des weißen Pontiac gesessen hatte, war Xeros Gesicht nie zu sehen gewesen; aber die Fragmente seiner Stimme drangen aus den Lautsprechern und hallten wider auf den leeren Tribünen des Stadions, und ihre Echos brachen sich in den Abfertigungshallen des Flughafengebäudes. Koma: Die schöne junge Frau schwieg die meiste Zeit. Wie eine Madonna der Zeitstraßen folgte sie Trabert mit den sanften Blicken ihrer mütterlichen Augen. Kline: »Warum müssen wir ständig in der Furcht vor einem Unglück im Weltraum leben, nur um unsere eigene Zeit zu verstehen? – Matta.«

Das Karen-Novotny-Erlebnis. Als sie nach dem Bad ihren Körper einpuderte, sah sie hinüber zu Trabert, der auf dem Fußboden des Wohnzimmers kniete; im Durcheinander der Fotos, die er um sich herum ausgebreitet hatte, sah er aus wie ein exzentrischer Zen-Kameramann. Seit ihrem ersten Treffen auf der kurzfristig einberufenen Konferenz über Raumfahrtmedizin war er ständig damit beschäftigt, die Fotos von zerstörten Raumkapseln und Autos zu durchwühlen, auf der Suche nach *einem* bestimmten Gesicht unter all den verstümmelten Unfallopfern. Fast mechanisch hatte sie ihn nach der Vorführung des Apollo-Films angesprochen. Vielleicht lag es an seinen müden Augen und an seiner zerschlissenen Fliegerjacke mit den Vietnam-Streifen an den Ärmeln. War er Arzt oder war er ein Patient? Weder die eine noch die andere Kategorie schien auf ihn zuzutreffen. Ihr Zusammenleben in diesem Appartement war von einer fast zwanghaften häuslichen Atmosphäre gekennzeichnet. In den Ebenen ihres Körpers und in den Konturen ihrer Brüste und Hüften schien er all seine Träume und Wahnvorstellungen wiederzufinden.

Pentax Zoom. In den Gleichungen dieser Gesten und Körperhaltungen der jungen Frau erkundete Trabert die fehlerhaften Dimensionen der Raumkapsel, die verlorengegangene Geometrie und volumetrische Zeit der toten Astronauten:

(1) Lateraler Schnitt durch die linke Achselhöhle von Karen Novotny, während sie den Ellbogen in einer unwilligen Geste auswärts und nach oben bewegte – die transfigurierten Pudenda Ralph Naders.
(2) Eine Reihe von Bildern, die imaginäre Geschlechtsorgane darstellten. Während er durch die Ausstellung ging und den Druck von Karens Hand auf seinem Unterarm spürte, suchte Trabert nach einer gültigen Verbindungsstelle. Die obszönen Bilder, albtraumhafte Kreaturen ohne Kopf, sprangen ihm in die Augen wie die verkohlten Leiber der Astronauten in der Apollo-Kapsel und die Opfer von tausend Autozusammenstößen.
(3) »Der Gestohlene Spiegel« (Max Ernst). In den zerfurchten Höhlengängen und durchlöcherten Felsentürmen dieser spinalen Landschaft sah Trabert das von der Hitze zerstörte Gewebe der Astronauten und die von der Zeit infizierte Haut Karen Novotnys.

Eine kosmogonische Venus. Dr. Nathan folgte dem jungen Mann im Raumanzug über den Vorplatz des stillgelegten Flughafengebäudes. Ein metallisches Licht lag auf den weißen Treppenstufen wie das defekte Bild in einem riesigen kinetischen Artefakt. Dr. Nathan blieb bei den Skulpturen des Springbrunnens stehen und zündete sich gemächlich eine Zigarette an. Seit Tagesanbruch war er dem jungen Mann gefolgt, fasziniert von dem lautlosen Dialog von Bewegung und Perspektive, der sich vor dem Hintergrund des Flughafengebäudes abspielte. Der junge Mann blieb ebenfalls stehen und wandte sich nach Dr. Nathan um. Ein flüchtiges Lächeln spielte um seinen vernarbten Mund; die Verletzung, die offensichtlich von einem Autounfall herrührte, wurde von dem spärlichen Bartwuchs nur halb verdeckt. Dr. Nathan sah sich auf dem Vorplatz um. Jemand hatte das Wasser aus dem Zierbecken herausgelassen; wie ein riesiger Uterus, dessen Hals auf die Abfertigungshallen wies, wurde es jetzt von der Sonne ausgetrocknet. Der junge Mann stieg über die Einfassung und ging den schräg abfallenden Rand hinunter auf die Mitte des Bassins zu. Dr. Nathan gab ein kurzes amüsiertes Lachen von sich. »Was für eine Frau!« Vielleicht würde Trabert ihr Liebhaber werden?

Die verlassene Wagenkolonne. Als Trabert mit Kline und Koma durch die menschenleeren Straßen ging, stieß er auf die verlassene Wagenkolonne. Sie gingen an den demolierten Autos entlang und setzten sich ab und zu neben die Puppen, die man auf die Sitze platziert hatte. Aufnahmen aus dem Zapruder-Film klebten auf den zersprungenen Windschutzscheiben und verschmolzen mit seinen Träumen von Oswald und Nader. An einer Stelle ergaben die Bewegungen eines jungen Mannes, der die Straße überquerte, einen Schnitt durch diese Ebene. Später beschäftigte er sich neben dem leeren Swimmingpool mit den lebensgroßen Nachbildungen seiner Frau und Karen Novotnys. Um Koma eine Freude zu machen, hatte er die ganze Woche lang die einzelnen Bilder des Zapruder-Films studiert und die Frisur der Präsidentenwitwe nachgearbeitet. Als der Helikopter über ihn hinwegflog, gerieten die Haare der sorgfältig frisierten Perücken wieder durcheinander, und die Fotos von Marina Oswald, Madame Chiang und Mrs. Kennedy, die er wie eine seltsame Patience auf dem Grund des Schwimmbeckens ausgelegt hatte, wurden durch die Gegend gewirbelt.

Orientierungsformeln. Dr. Nathan forderte Catherine Austen auf, neben seinem Schreibtisch Platz zu nehmen, und studierte die mysteriösen Anzeigen, die an diesem Nachmittag in den aktuellen Ausgaben von *Vogue* und *Paris-Match* erschienen waren. Es waren, in der Reihenfolge ihres Auftretens: (1) Die linke Augenhöhle und das linke Jochbein der Marina Oswald; (2) der von zwei Zimmerwänden gebildete Winkel; (3) ein »neurales Intervall« – eine Balkoneinheit auf der Höhe des 27. Stockwerks an der Vorderfront des London Hilton; (4) eine Pause in einem nicht näher erläuterten Dialog, der sich vor einer Ausstellung von Unfallfotos ereignet hatte; (5) eine Zeitangabe: 11:47 Uhr, 23. Juni 1969; (6) eine Geste: ein Unterarm, der nachlässig auf einem blutdurchtränkten Betttuch lag; (7) ein Augenblick des Wiedersehens – die geweiteten Augen und der halb offene Mund einer jungen Frau.

»**Was für ein Produkt bietet er da eigentlich an?**« Dr. Nathan ignorierte Catherine Austens Frage und ging hinüber zum Fenster, neben dem die Fotografien der Teilnehmer an den Isolationstests an die Wand geheftet waren. Ihre Frage ließ entweder auf eine erstaunliche Ahnungslosigkeit schließen, oder aber sie war ein Indiz für ihre Komplizenschaft in dieser Verschwörung des Unterbewusstseins, die er eben erst aufzudecken begonnen hatte. Er wandte sich zu ihr um, wie immer irritiert von ihrem halb zweifelnden, halb belustigten Gesichtsausdruck – einer Begleiterscheinung ihrer ungestümen Sexualität. »*Sie,* Dr. Austen. Diese Anzeigen ergeben zusammengenommen ein ausführliches Porträt Ihrer Person, eine Reliefkarte Ihres Körpers, einen obszönen Film, der Sie während des Geschlechtsaktes zeigt.« Er klopfte mit seinem goldenen Zigarettenetui auf die vor ihm liegenden Illustrierten. »Diese Aufnahmen sind Fragmente einer Endmoräne, die Sie auf der Reise durch Ihre Bewusstseinsräume zurückgelassen haben.«

»**Die Ebenen überschneiden sich.**« Dr. Nathan zeigte auf das Foto eines bärtigen jungen Mannes, dessen eine Gesichtshälfte von einer großen Narbe unterhalb des Auges entstellt war. »Die Ebenen überschneiden sich: auf einer Ebene haben wir, auf eine Serie von Plakatwänden verteilt, die Tragödien von Kap Kennedy und Vietnam, und die mimische Entsprechung dieser Todesserien in den experimentellen Autozusammenstößen, die Nader und seine Mitarbeiter ausgewertet haben. Welche Rolle sie letztlich in unserem Unterbewusstsein spielen, muss übrigens noch eingehender untersucht werden – es ist anzunehmen, dass ihre Rolle überhaupt nichts mit der zu tun hat, die wir ihnen allgemein beimessen. Auf einer anderen Ebene haben wir das unmittelbare persönliche Environment, so etwa der Raum, den Sie mit ihren beiden Händen umschließen, die Geometrie ihrer Körperhaltungen, die in diesem Büro enthaltenen Zeitwerte, die Winkel zwischen diesen Wänden. Auf einer dritten Ebene erblicken wir schließlich die Innenwelten der Psyche. Wo sich diese Ebenen überschneiden, entstehen *Images,* beginnt sich so etwas wie eine verlässliche Realität herauszukristallisieren.

Die weichen Quasare. Pränatale Ansprüche – Kline.
»Unschuldiges Mädchen, vergewaltigt von ihrer eigenen Keuschheit« – Koma.
Zeitzonen: Ralph Nader, Claude Eatherly, Abraham Zapruder.

Departure Platform. Trabert wartete in der menschenleeren Abfertigungshalle des Flughafengebäudes. Auf der Aussichtsplattform über dem ausgetrockneten Becken des Springbrunnens stand Koma, die Augen voller Runen, und beobachtete ihn. Ihr Gesicht mit den hoch angesetzten Backenknochen – eine deutliche Erinnerung an die Präsidentenwitwe – schien eine ungeheure eisige Stille zu enthalten. Auf der Dachterrasse ging Kline zwischen den Schaufensterpuppen hin und her. Gipsmodelle von Marina Oswald, Ralph Nader und dem jungen Mann im Raumanzug standen an das Geländer gelehnt. Xero war unterdessen mit unverändert hektischer Energie dabei, auf der Rollbahn mit Hilfe von Autowracks eine Wagenkolonne aufzustellen. Hinter dem Wagen der Sicherheitsbeamten, der die Kolonne anführte, wartete die Limousine des Präsidenten auf ihre Passagiere. Eine unerträglich gespannte Stille, die die Schrecksekunden einer Million tödlicher Autounfälle enthielt, hing in der Luft.

Nichts als ein Modul. Als Margaret Trabert in der überfüllten Halle des Flughafengebäudeseinen Augenblick lang zögerte, benutzte Dr. Nathan die Gelegenheit, um sie noch einmal zu warnen. Sein Gesicht wirkte geradezu zwergenhaft vor dem riesigen Bild einer Raumkapsel, das die ganze Wand über den Rolltreppen ein nahm. Das Gerüst des Malers glich einer Startrampe, von der aus das ganze Gebäude jeden Augenblick in den Weltraum geschossen werden konnte. »Mrs. Trabert, begreifen Sie denn nicht? Die junge Frau, die ihn begleitet, ist doch nichts als ein Modul. Sein wirkliches Ziel sind Sie…!« Verärgert über Dr. Nathans ständige Vorhaltungen schob sie sich an dem Sicherheitsbeamten vorbei, der sie vergeblich aufzuhalten versuchte, und rannte auf den Vorplatz hinaus. Unter den Tausenden von geparkten Wagen erkannte sie den weißen Pontiac. In diesem Wagen war die junge Frau ihrem Mann die ganze Woche lang wie eine läufige Hündin gefolgt.

Das Zielfahrzeug. Dr. Nathan zeigte mit seiner Zigarette durch die Windschutzscheibe nach vorn. In einer Entfernung von 200 Metern manövrierte Margaret Trabert ihren Wagen aus einer Einfahrt heraus und bog in die verlassene Straße ein. »Diese Wagenkolonne«, erklärte Dr. Nathan, während sie die Verfolgung aufnahmen, »können wir als ein enormes Environment-Tableau interpretieren, als ein mobiles Psychodrama, in dem das Apollo-Unglück auf eine Weise rekapituliert wird, die sowohl die Ereignisse von

Dealey Plaza einbezieht als auch die Experimente mit Autozusammenstößen, die Nader mit solcher Besessenheit betrieben hat. Auf irgendeine Weise – vermutlich durch eine kathartische Kollision – wird Trabert versuchen, den unfest gewordenen Raum wieder zu integrieren und so die drei Männer in der Raumkapsel zu befreien. Für ihn warten sie da drin immer noch, angeschnallt und in ihre Beschleunigungssitze gepresst.« Catherine Austen fasste ihn am Arm. Erschrocken stellte er fest, dass er den weißen Pontiac aus den Augen verloren hatte.

Das Command-Modul. Unter den aufmerksamen Blicken von Kline und Koma setzte sich Trabert hinter das Steuer der offenen Limousine und überprüfte seinen Schleudersitz. Im hinteren Teil des Wagens saßen die Attrappen des Präsidenten und seiner Frau. Als sich die Wagenkolonne in Bewegung setzte, starrte Trabert angestrengt durch die beschlagene Windschutzscheibe nach vorn. Dort, wo sich die Rollbahnen vereinigten, hatte man eine große Zielscheibe aufgemalt. Neben dem Flughafengebäude bog ein weißer Wagen auf eine Runway ein, erhöhte seine Geschwindigkeit und fuhr der Wagenkolonne auf einem Kollisionskurs entgegen.

Zapruder-Bild 235. Trabert wartete, bis die Zuschauer den Vorführraum verlassen hatten. Mit einer Nachbildung von Greers Führerschein in der Hand – ein Souvenir, das er in der Nähe der Überführung an einem Kiosk erstanden hatte – ging er auf den jungen Mann zu, der in der hintersten Reihe saß. Er spürte längst, wie ihm seine Identität mehr und mehr entglitt. Seine Hände beschrieben eine letzte zeichenhafte Bewegung in der verbrauchten Luft.

Epiphanie dieser Tode. Die Leichen seiner Frau und Karen Novotnys lagen auf dem Grund des leeren Schwimmbeckens. In der

Hochgarage stiegen Koma und Kline gerade in den weißen Pontiac und trafen die letzten Vorbereitungen für ihre Abreise. Im letzten Augenblick schien Koma zu zögern; als sie ihren Mund zusammenpresste, sah man deutlich die Narben an ihrer Unterlippe. Nachdem sie abgefahren waren, stiegen die Helikopter von ihren Abstellplätzen entlang des Highways auf. Trabert blickte empor, während sich der Himmel mit diesen wahnsinnigen Maschinen füllte. Doch in den Konturen der Schenkel seiner Frau und in den vom Dünensand zugewehten Augen Karen Novotnys sah er die geglätteten Zeitbahnen der Astronauten und das ernste, gesammelte Gesicht der Präsidentenwitwe.

Die seriellen Engel. Ungehindert verflüchtigten sich jetzt die in Rauch aufgehenden Körper der toten Astronauten über den Abschussrampen und entstanden wieder in den Beinstellungen von hundert Starlets, in tausend verbogenen Kotflügeln und in den auf eine Million Fortsetzungen verteilten Morden der Illustriertenromane.

6

Great American Nude

Das Haut-Areal. Während dieser letzten Phase von Talberts Tätigkeit am Institut wurde sich Catherine Austen jeden Tag von neuem der Beziehungslosigkeit der Ereignisse um sie herum bewusst. Am Eingang zum Vorführraum hörte sie, wie sich das Geräusch der Tonspur zwischen den Skulpturen des Gartens brach – ein melancholischer Glockenklang, moduliert von Talberts zunehmend unzusammenhängenden Kommentaren. In der ersten Reihe saßen einige paretische Patienten mit ihren Krankenpflegern. Die ganze Woche hatten sie die Montagesequenzen kommerzieller Pornofilme angesehen und teilnahmslos zugehört, wie Talbert jede einzelne Pose und jeden Bewegungsablauf analysierte. Catherine Austen starrte die riesigen Bildflächen an. Die terrassenförmig überlagerten Bilder der Schenkel und Brüste machten den Eindruck von Fossilien und hatten längst jede Bedeutung verloren. Im Lichtstrahl des Projektors lehnte Talbert an der Leinwand, als langweile ihn sein eigener Vortrag. Jeden Abend nahm er sich die Fragebogen vor, die in fast unleserlicher Schrift ausgefüllt waren. Anscheinend suchte er nach einem Schlüssel zu seinem eigenen Verhalten, einem Ansatzpunkt für eine neue Sexualität. Als die Lichter im Saal wieder angingen, kam sie sich plötzlich nackt vor und knöpfte hastig ihren weißen Kittel zu.

Der neue Eros. Dr. Nathan sah aus dem Fenster seines Büros und erkannte Talbert, der auf dem Dach der Hochgarage stand. Dort oben schien er sich am liebsten aufzuhalten. Die geneigten Ebenen der Stockwerke erschienen wie ein Modell von Talberts abgleitender Persönlichkeit, die sich mit den Ereignissen von Raum und Zeit immer wieder in unsichtbaren Neigungswinkeln überschnitt. Irritiert von Catherine Austen, die unruhig im Zimmer auf und ab ging, zündete sich Dr. Nathan eine Zigarette an. Unten ging gerade eine junge Frau im weißen Tenniskostüm auf den Garten zu. Talbert folgte ihr mit den Blicken eines Voyeurs. Er hatte sich bereits eine beachtliche Kollektion von Erotika angelegt. Was für eine neue Verbindung würde er im Geschlechtsakt mit ihr finden?

Ein Knochen-Diagramm. Talbert blieb vor dem Eingang zum Garten stehen. Die Studenten wanderten durch die Ausstellung, blätterten in ihren Katalogen und starrten auf das vielfarbige Gewirr von Plastikröhren, die Geometrie eines Disney. Er ließ sich von der lächelnden jungen Frau am Eingang einen Katalog geben. Auf dem Umschlag erkannte er ein vergrößertes Detail eines Gesichts, das ihm irgendwie bekannt vorkam. Es war die linke Augenhöhle des Filmstars. Auf dem Rasen bauten einige Studenten die Teile der großen fotografischen Displays zusammen. An welcher Stelle würde die Schamgegend liegen? Zwischen den fragmentierten Profilen von Mia Farrow und Elizabeth Taylor ging die junge Frau im weißen Kleid umher.

Das transparente Gehirn. Karen Novotny warf ihren Katalog weg und ging hastig auf die Einfahrt der Hochgarage zu. Die weiße amerikanische Limousine war ihr am Rand der Ausstellungsfläche entlang gefolgt. Sie betrat die Auffahrt zum ersten Stockwerk. Als der Wagen unten am Schalter anhielt, konnte sie den Fahrer erkennen. Die ganze Woche hatte sie diese vornübergebeugte Gestalt mit der hohen Stirn und der bösartig glitzernden Sonnenbrille auf der Nase mit einer Filmkamera verfolgt. Verärgert hatte sie festgestellt, dass der Mann sogar einige Nahaufnahmen von ihr in die Vorführungen seiner schmutzigen Filme eingebaut hatte – zweifellos hatten dabei seine psychotischen Patienten in ihren Zwangsjacken vor Geilheit gesabbert. Als sie das Dach erreichte, schnitt ihr die weiße Limousine den Weg ab. Außer Atem lehnte sie sich an die Brüstung. Talbert blickte sie mit einer merkwürdigen Mischung aus Güte und Neugier an; seine Augen glitten suchend über die Konturen ihres Gesichts. Er ließ seinen Arm aus dem Wagenfenster hängen, als wolle er im nächsten Augenblick ihre Schenkel betasten. In seiner Hand hielt er den Katalog, den sie weggeworfen hatte. Er legte das Umschlagfoto auf ihre linke Brust und verglich die Durchmesser von Augenhöhle und Brustwarze.

Profane Trauung. Vor dem Kinosaal sahen sie einen bärtigen jungen Mann neben einem Lastwagen stehen. Er überwachte das Ausladen einer großen Tableau-Skulptur von George Segal. Sie stellte einen Mann und eine Frau während des Geschlechtsaktes in einer Badewanne dar. Karen packte ihn am Arm. »Talbert… das sind ja du und ich…!« Talbert war empört über diesen neuen Streich der Studenten. Er ging hinüber zu Koester. Seine Augen waren die eines nervösen Priesters, der sich gerade anschickt, eine profane Trauungszeremonie vorzunehmen.

Eine Geschichte des Nichts. Handlungselemente: die Arbeit einer Woche, in der sie zahllose Überführungen und Appartements erforschten. Mit Spiritusbrenner und Schlafsäcken hatten sie wie Urwaldforscher auf den Fußböden der Zimmer campiert. Talbert weigerte sich, die Möbel und Küchengeräte auch nur anzurühren. »Das sind Ausstellungsstücke, Karen – *diese* Empfängnis wird unbefleckt sein.« Später fuhren sie durch die City und untersuchten die Architektur von einem Dutzend verschiedener Gebäude.

Talbert drückte sie an die Wände und Geländer und drapierte ihren Körper entlang der Balustrade. Auf dem Rücksitz des Wagens bildeten die erotischen Nachschlagewerke eine Enzyklopädie der Körperstellungen – Anleitungen für ihre bevorstehende Vereinigung mit einer Balkoneinheit im 7. Stockwerk des Hilton Hotels. Liebesleben: gleich null. Der Liebesakt wurde zu einem Vektor der angewandten Geometrie. Sie brauchte ihn nur an der Schulter zu berühren und schon setzte alles in ihm aus, als habe er einen Gehirnschlag erlitten. Später fand sie im Handschuhfach des Wagens eine Karte der Pripjet-Sümpfe, ein Fotogramm mit den Umrissen einer Achselhöhle und einen Satz von hundert Publicityfotos der Filmschauspielerin.

Traumlandschaften. Verschiedene Landschaften beschäftigten Talbert in dieser Phase: (1) Das melancholische Hinterland des Yangtse; das dumpfe Geräusch der detonierenden Frachter in der Bucht von Shanghai. Als Kind war er zu den rostigen Wracks hinausgerudert und durch die überspülten Säle gewatet. Durch die Bullaugen konnte er die aufgedunsenen Leichen sehen, die am Woosung Pier vorbeitrieben. (2) Die Konturen des aufgebahrten Körpers seiner Mutter; diese Landschaft, die so viele seelische Kapitulationen erlebt hatte. (3) Das Gesicht seines Sohnes im Augenblick der Geburt; sein geisterhaftes Profil hatte älter als das mumifizierte Gesicht eines ägyptischen Priesters ausgesehen. (4) Das Todeslächeln einer jungen Frau. (5) Die Brüste der Filmschauspielerin. In diesen Landschaften lag ein verborgener Hinweis.

Baby Dolls. Catherine Austen musterte die Gegenstände auf Talberts Schreibtisch. Diese welken, kugelförmigen Gebilde glichen den obszönen Skulpturen von Bellmer und erschienen ihr wie Teile ihres Körpers, die sich in imaginäre Geschlechtsorgane verwandelt hatten. Sie strich mit dem Finger über die Falten und Austrittsöffnungen des blass schimmernden Materials. Auf eine unerklärliche Weise würden diese Elemente zusammenfließen und deformierte Teile ihrer Lippen, ihrer Achselhöhle und des Übergangs von Schenkel zu Schamleiste bilden.

Eine nervöse Braut. Am Eingang zu den Aufnahmestudios zeigte Dr. Nathan dem Pförtner seinen Ausweis vor. »Studio H«, sagte er zu Koester. »Es sieht so aus, als ob jemand vom Institut das Studio vor drei Monaten gemietet hat. Zu einem recht annehmbaren Preis übrigens; der größte Teil der Aufnahmestudios wird nicht mehr benutzt.« Koester parkte den Wagen vor den leeren Produktionsbüros. Sie gingen hinein ins Studio. Eine enorme geometrische Konstruktion, eine Masse von weißen, verschlungenen Plastikelementen füllte die Halle, die die Ausmaße eines Flugzeughangars hatte. Zwei Arbeiter sprühten rötlichen Lack auf die gewölbten Flächen. »Was ist das?«, fragte Koester misstrauisch. »Ein Modell für die Wurzel aus minus eins?« Dr. Nathan summte leise vor sich hin. »Beinahe«, antwortete er kühl. »Tatsächlich sehen Sie hier das Gesicht und den Körper einer berühmten Frau – eine Verlagerung und Übertragung von Miss Taylor in eine private Dimension. In diesem Brautgemach wird sich der zärtlichste aller Liebesakte ereignen, die Feier einer ganz ungewöhnlichen Vermählung. Warum auch nicht? Duchamps Akt fröstelte, während sie die Treppe herabstieg – was sie für uns immer noch weitaus begehrenswerter macht, als etwa die Venus von Rokeby, und das mit gutem Grund.«

Auto-Zoomar. Talbert kniete in *A-tergo*-Stellung, sodass seine Hände die flügelartigen Schulterblätter der jungen Frau berührten. Ein konzeptueller Flug. In Abständen von 10 Sekunden warf der Projektor ein Bild auf die Leinwand neben dem Bett. Er beobachtete, wie der selbsttätige Mechanismus des Auto-Zooms die Vereinigung ihrer Hüften und Schenkel in Nahaufnahme einfing. Details von Gesicht und Körper des Filmstars erschienen auf der Leinwand – mimische Entsprechungen der Elemente des Planetariums, das sie an diesem Morgen besucht hatten. Bald würde sich die Parallaxe ausgleichen, und die Geometrie des Geschlechtsaktes würde in der Verbindung zwischen dieser Wand und der Zimmerdecke aufgehen.

»**Nicht wörtlich zu nehmen.**« Während Dr. Nathan das Foto der jungen Frau betrachtete, spürte er das nervöse Zittern von Catherine Austens Hüften neben sich. Er las laut die Bildunterschrift ab: »Karen Novotny«. »Dr. Austen, ich darf Ihnen versichern, dass die Prognose für Miss Novotny keineswegs günstig ausfällt. Was Talbert selbst angeht, so ist die junge Frau lediglich ein Modul für seine Vereinigung mit der Filmschauspielerin.« Er sah mit einem besänftigenden Blick zu Catherine Austen auf. »Nicht wahr, das liegt doch auf der Hand: Talbot legt es darauf an, Miss Taylor zu ›besitzen‹ – was natürlich nicht wörtlich zu nehmen ist.«

Action-Sequenz. Gedeckt durch die vor ihm fahrenden Wagen folgte Koester dem weißen Pontiac auf dem Highway. Bevor er den Eingang zu den Aufnahmestudios erreichte, parkte er den Wagen unter den Kiefern und kletterte über den Zaun. Auf der Bühne des Studios hingen mehrere farbige Transparentfilme, die Talbert eingehend betrachtete. Karen Novotny stand regungslos neben ihm; sie blickte geistesabwesend in Koesters Richtung. Als sie miteinander rangen, bekam Koester die ganze aufgestaute Energie von Talberts Muskeln zu spüren. Er ging unter einer Serie von wilden Schlägen zu Boden. Als er sich benommen das Blut von den Lippen wischte, musste er sich übergeben. Er sah gerade noch, wie Talbert die Verfolgung der jungen Frau aufnahm, die auf den Wagen zurannte.

Der Sex-Baukasten. »In gewissem Sinne«, erklärte Dr. Nathan, »kann man dies als ein Puzzlespiel ansehen, das sich Talbert geschaffen hat und das die Bezeichnung ›Karen Novotny‹ trägt. Es wäre sogar zu überlegen, ob man nicht eine kommerzielle Version davon herstellen sollte. Es besteht aus folgenden Teilen: (1) ein Büschel Schamhaare, (2) eine Gesichtsmaske aus Latex, (3) sechs abnehmbare Münder, (4) ein Satz Lächeln, (5) ein Paar Brüste, von denen die linke durch ein Geschwulst unterhalb der Brustwarze entstellt ist, (6) ein Satz ribbelfeste Körperöffnungen, (7) fotografische Ausschnitte, die ein Mädchen bei verschiedenen Verrichtungen zeigen, (8) eine Liste von Dialogbeispielen, meist sinnloses Geplapper, (9) ein Satz Geräuschpegel, (10) ausführliche Beschreibungen verschiedener Sexpraktiken, (11) ein analer Muskelriss, (12) eine Zusammenstellung von Spezialausdrücken und Redewendungen, (13) Geruchsanalysen, nach unterschiedlichen Austrittsöffnungen eingeteilt, (14) eine Tabelle für Körpertemperaturen (axillär, bukkal, rektal), (15) Vaginalabstriche, die zum größten Teil aus Ortho-Gynol-Gelee bestehen, (16) ein Blutdrucktest, systolisch 120, diastolisch 70, bei einsetzendem Orgasmus auf 200 /150 ansteigend…« Als Koester gereizt abwinkte, legte Dr. Nathan die Liste wieder auf den Tisch zurück. »Es kommen noch ein oder zwei weitere Stücke dazu, aber man kann ohne weiteres sehen, dass diese Teile zusammen ein adäquates Bild von einer Frau ergeben, die sich daraus mühelos rekonstruieren ließe. In Anbetracht der Tatsache, dass das Geschlechtliche mehr und mehr zu einem konzeptuellen Akt wird, der von Gefühlsregungen und Physiologie gleichermaßen getrennt ist, muss man sich die verdienstvollen Eigenschaften der sexuellen Perversionen vor Augen führen. Talberts Sammlung von billigen pornographischen Fotos konstituiert in Wirklichkeit eine eminent wichtige Literatur, einen Anreiz für das verkümmerte Sensorium unserer sogenannten Sexualität.«

Ein Flug im Helikopter. Als sie über den Highway rasten, drückte sich die junge Frau in die Ecke ihres Sitzes und blickte mit starren Augen auf die Lastwagen hinaus, die neben ihnen hin- und herschwankten. Talbert legte seinen Arm um sie und zog sie herüber an seine Schulter. Er steuerte den schweren Wagen mit einer Hand über die Ausfahrt und bog auf die Zufahrtsstraße zum Flugplatz ein. »Immer mit der Ruhe, Karen«, sagte er. Und in einer süffisanten Nachahmung von Dr. Nathan fügte er hinzu: »Sie sind nichts als ein Modul, meine Liebe.« Er sah hinunter auf die fast durchsichtige Haut ihres Nackens, unter der man schwach das Geflecht der Nerven und Blutgefäße ahnte. Fahrbahnmarkierungen, die sich an Abzweigungen teilten und auseinanderliefen, sausten unter ihnen hindurch. Der Helikopter wartete unterhalb des zerfallenen Kontrollturms. Er half ihr aus dem Wagen und legte ihr seine Fliegerjacke um die Schultern.

Der elementare Akt. Während sie den Kinosaal betraten, sagte Dr. Nathan in vertraulichem Ton zu Captain Webster: »Talbert begreift die Logik der geschlechtlichen Vereinigung als etwas Absolutes. Für ihn sind alle Verbindungen gleichwertig – seien es die unserer eigenen weichen Biologien oder die der harten Geometrien dieser Wände und Decken. Was Talbert sucht, ist der elementare Akt der Vereinigung, die erste Apposition der Dimensionen von Raum und Zeit. In den unzähligen Kopien, die vom Körper der Filmschauspielerin existieren – eine der wenigen gültigen Landschaften unserer Zeit –, findet er so etwas wie ein neutrales Terrain. Im Vergleich dazu ist die Phänomenologie der Welt zum größten Teil nichts als ein albtraumhafter Auswuchs. Unsere Körper zum Beispiel sind für ihn monströse Auswüchse von aufgedunsenem Gewebe und daher kaum noch zu ertragen. Der Baukasten mit den Elementen der jungen Frau ist in Wirklichkeit ein Puzzle des Todes.« Webster betrachtete die Bilder von der jungen Frau auf der Leinwand – Ausschnitte ihres Körpers, kombiniert mit Teilansichten moderner Architektur. Dieser Tick mit den Gebäuden... Was wollte Talbert eigentlich – die Royal Festival Hall vergewaltigen? Er nickte bedächtig. »Sie meinen also, dass der Novotny Gefahr droht?«

Druckstellen. Im Luftdruck des Helikopters, der eine Wolke aus Tannennadeln und leeren Zigarettenpackungen aufwirbelte, rannte Koester auf die Straße zu. Er rief Catherine Austen etwas zu, die auf der Nylondecke saß und sich gerade die Strumpfhose hochzog. Hinter den Bäumen lag der Zaun des Flugplatzes. Sie rannte hinter Koester her. Die Druckstellen seiner Hände und Hüftknochen waren immer noch auf ihrem Körper zu erkennen. Im Grunde waren sie so steril wie die Puzzleelemente von Talberts Sex-Kit. Mit einem Lächeln sah sie, wie Koester auf einem alten Autoreifen ausglitt und strauchelte. Dieser besessene, unattraktive Mann... warum hatte sie sich von ihm nehmen lassen? Vielleicht war sie wie Koester nur ein Vektor in Talberts Träumen?

Erste Besetzung. Dr. Nathan bewegte sich unsicher über den schmalen Rundlauf und wartete jedes Mal, bis Webster den nächsten Abschnitt erreicht hatte, als wolle er sich vergewissern, dass die provisorische Konstruktion sein Gewicht aushielt. Er schaute hinunter auf die riesige geometrische Struktur in der Mitte des

Aufnahmestudios. Sie diente jetzt als Labyrinth in einer Filmfassung von »Minotaurus«. In dieser Fortsetzung von »Faust« und »Der Widerspenstigen Zähmung« würden die Filmschauspielerin und ihr Mann die Rollen von Ariadne und Theseus spielen. Die Struktur des »Labyrinths« hatte eine bemerkenswerte Ähnlichkeit mit ihrem Körper; jede Wölbung und Vertiefung war exakt nachgebildet. In der Tat, die Techniker hatten sie bereits »Elizabeth« getauft. Er stützte sich auf das Geländer, als er aufsah und den Helikopter über den Bäumen heranfliegen sah. Der Dädalus in diesem neuralen Drama war also endlich eingetroffen.

Eine unangenehme Öffnung. Während er seine Augen gegen das grelle Licht der Lampen abschirmte, bahnte sich Webster einen Weg durch die Kamerateams. Er starrte hinauf zu der jungen Frau, die an der höchsten Stelle der Konstruktion stand und mit ihren schmalen Händen vergeblich ihre Blöße zu bedecken versuchte. Sie schien verzweifelt nach einem Ausweg aus diesen verwirrenden Konturen zu suchen. Webster überlegte, ob er vom Laufsteg aus auf die Struktur hinübersteigen sollte; aber er würde damit nur riskieren, dass er sich ein Bein brach oder in eines dieser unangenehmen Löcher fiel, die das Körperlabyrinth aufwies. Er warf sich überrascht zurück, als ein bärtiger junger Mann mit verzerrtem Gesichtsausdruck an ihm vorbeirannte. Unterdessen durchstreifte Talbert völlig selbstvergessen das Innere des Labyrinths, gespannt, ob es der jungen Frau gelingen würde, den Code dieses riesigen Körpers zu brechen. Es war ganz klar: Bei der Besetzung für dieses Stück hatte man im Falle einer gewissen Person einen gravierenden Fehler gemacht.

Der »alternative« Tod. Der Helikopter ging in Flammen auf. Als der Treibstofftank explodierte, wurde Dr. Nathan von der Druckwelle nach hinten über die Kabel geworfen. Die Maschine war seitlich in das Labyrinth gerast und hatte eine der Kameras unter sich begraben. Eine Schaumwoge ergoss sich über die zurückweichenden Techniker und brodelte auf dem heißen Boden rings um den Helikopter. Neben den Armaturen lag der Körper der jungen Frau. Fast sah es so aus, als sei er Teil einer Tableau-Skulptur. Der Schaum bildete ein weißes Vlies um die nackten Schultern.

Geometrie der Schuld. Später, als das Aufnahmestudio wieder verlassen dalag, sah Dr. Nathan, dass Talbert jetzt die Position der jungen Frau auf der höchsten Erhebung der Struktur eingenommen hatte und seinen Blick über die schräg abfallenden Mulden und Wölbungen schweifen ließ. Er wirkte wie ein nachdenklicher Architekt. Wieder einmal hatte er Karen Novotny sterben lassen und seine Ängste und Wahnvorstellungen in ihrem alternativen Tod nachvollzogen gesehen. Dr. Nathan entschied, dass es keinen Zweck hatte, etwas zu ihm zu sagen. Er würde in seinem Körper kaum mehr als eine Summe von Haltungen sehen – oder die Geometrie einer Anklage.

Plazenta. Als Dr. Nathan in der darauffolgenden Woche wiederkam, hatte sich Talbert nicht von der Stelle gerührt. Er saß am Rand des Bassins, das jetzt wieder mit Wasser gefüllt war, und starrte in die leuchtenden Tiefen dieser freigelegten Plazenta. Seine abgezehrte Gestalt wirkte erschreckend. Er war nur noch ein Schatten seiner selbst. Dr. Nathan beobachtete ihn noch eine Weile. Dann ging er zurück zu seinem Wagen.

7

Die Sommer-Kannibalen

Locus solus. Sie sah ihm durch die staubige Windschutzscheibe nach, wie er den Strand entlangging. Trotz der Hitze wanderte er jetzt schon seit einer halben Stunde durch die Gegend, als folge er einer unsichtbaren Kontur, die in seinem Hirn vorgezeichnet war. Nach einer längeren Fahrt hatte er bei dieser Felsenbucht, nur wenige hundert Meter von ihrem Appartement entfernt, angehalten. Sie klappte das Buch zu, das sie gelesen hatte, holte einen kleinen Handspiegel aus ihrer Tasche und betrachtete die Geschwulst an ihrer Unterlippe. Wegen der Sonnenhitze war der Ferienort wie ausgestorben; Strände aus weißem Bimsstein, einige Bars, pastellfarbene Appartementhäuser. Sie sah hinüber zu den Appartements mit ihren zugezogenen Vorhängen und dachte an die braungebrannten Körper, die dahinter in der Dunkelheit beisammen lagen, regungslos und träge wie das Fleisch in den Supermärkten. Sie steckte den Spiegel wieder weg. Endlich kam er wieder zum Wagen zurück; in der einen Hand hielt er einen merkwürdig geformten Stein. Eine hellbraune Staubschicht – es sah aus wie Knochenmehl – bedeckte seinen Anzug. Sie beugte sich aus dem Seitenfenster und zuckte sofort wieder zurück: auf ihrem Unterarm bildete sich eine hässliche Brandwunde.

Das Ja oder Nein der Randzone. Durch die Gitterstäbe des Balkons sah er in einiger Entfernung das ausgetrocknete Flussbett mit seinen zerfallenen Piers. Er wandte seinen Kopf auf dem zerwühlten Kissen und folgte mit den Augen der Spur des weißen Kabels, das um den Türrahmen herumlief. Er hörte auf das Geräusch des

Wasserstrahls, der auf die Kacheln der Dusche klatschte. Als sie aus dem Badezimmer kam, schien ihr glänzender Körper vor seinen Augen zu zerfließen, und während sie durch das Schlafzimmer ging, musste er unwillkürlich an einen rötlichen, geschwollenen Meniskus denken. Sie wickelte das Badetuch zu einem Turban um ihren Kopf, steckte sich eine von seinen Zigaretten an und legte sich aufs Bett.

B-Movie. Neben dem Zeitungsstand war ein Straßencafé. Er setzte sich an einen der Tische und beobachtete die junge Frau, die die neuesten Ausgaben von *Oggi* und *Paris-Match* durchblätterte. Ihr Gesicht mit den wenig intelligent dreinblickenden Augen und den affektiert geschürzten Lippen (wahrscheinlich lispelte sie) wiederholte sich in den stereotypen Titelfotos von einem Dutzend Illustrierten. Als sie ging, leerte er schnell sein Glas und folgte ihr unter den Arkaden, neugierig, wie sie darauf reagieren würde. Am Eingang zum Autokino öffnete sie die Tür des Kartenkiosks mit einem alten, rostigen Schlüssel, ging hinein und sperrte die Tür hinter sich ab. Was mochte ihn dazu bewogen haben, ihr nachzugehen? Plötzlich kam ihm das Ganze langweilig vor; er ging durch die leeren Sitzreihen und starrte zu der Leinwand hinauf. Sie blätterte in ihrer Illustrierten und warf ab und zu einen Blick über die Schulter, als wolle sie sich vergewissern, ob er noch da war.

Das Liebesleben der Schaufensterpuppen. Er lag auf dem Rücken, zu keiner Bewegung fähig, und spürte, wie ihm die harte Kante des Buchdeckels in die Rippen drückte. Ihre Finger spielten mit den Haaren auf seiner Brust, als seien sie der Skalp eines ihrer Liebhaber, den sie ihm als Trophäe mitgebracht hatte. Sie lag auf der Seite, ihre Brüste an seine rechte Schulter gedrückt; die deformierten Rundungen sahen aus wie Elemente einer Bellmer-Plastik.

Vielleicht würde eine obszöne Version ihres Körpers eine sinnvollere Geometrie ergeben, die Anatomie eines Fingers am Abzug einer Waffe? Unwillkürlich stellte sich in seinen Augen eine Verbindung her zwischen ihrem rechten Knie und ihrer linken Brust, zwischen Fußgelenk und Perineum, Achselhöhle und Gesäß. Mit einer vorsichtigen Bewegung, um sie nicht aufzuwecken, zog er seinen Arm unter ihrem Nacken zurück. Durch das Fenster des Appartements sah er die opalschimmernde Fläche der Leinwand, die über die Dächer hinausragte. Riesige Fragmente von Brigitte Bardots Körper illuminierten die Nacht.

Eine Verwechslung mathematischer Modelle. Er nahm der jungen Frau ihre Nikon ab und geleitete sie die Böschung hinunter. Vor ihnen lag das rissige, ausgetrocknete Flussbett. An der Mündung hatte sich im Kies eine Vertiefung gebildet, in die das Meerwasser hereinschwappte. In dem warmen Tümpel wimmelte es von Seeigeln. Hinter den silbernen Bögen einer Zugbrücke lag ein Labyrinth von ausgetrockneten Bassins, in deren rissigen Mustern er das Modell eines bestimmten Geisteszustands zu erkennen glaubte. Er gab der Frau die Kamera zurück und begann, die Vertiefungen um sie herum zu untersuchen. Sie schienen Elemente von Bardots Körper zu enthalten, deformierte Spuren von Hüfte und Thorax und obszöne Verletzungen der Geschlechtsorgane. Er fuhr sich mit den Fingerspitzen über die Stelle an seinem Kinn, wo er sich beim Rasieren geschnitten hatte. Die junge Frau stand von ihm abgewandt einige Schritte vor ihm und wartete. Längst war ihm, ohne dass er sie zu berühren brauchte, jede Einzelheit ihres Körpers vertraut. Er sah hinüber zu der Hochgarage neben den Blocks der Appartementhäuser. Die schräg ansteigenden Stockwerke dieses Autosilos enthielten eine Orientierungsformel für ihre Reise durch ihre Bewusstseinsräume.

Welche Geometrie. Das schallende Gelächter der Zuschauer brach sich in dem kleinen, verwinkelten Raum neben dem Kartenkiosk. Auf dem Wandbrett über seinem Kopf löste sich eine Rolle von Kinokarten; während er sie wieder zurückschob, fühlte er mit der anderen Hand eine kleine Warze an ihrer linken Schulter. Sie fühlte sich wie eine Miniatur-Brustwarze an. Offensichtlich erstaunt über diese Unebenheit auf ihrer sonst makellosen Haut beugte er sich herunter und berührte sie mit den Lippen. Sie ließ es mit einem müden Lächeln über sich ergehen. Was war das für ein seltsam kompliziertes Spiel, das er mit ihr trieb? Benutzte er das Zusammensein mit ihr, um sich im Geiste irgendwelchen perversen Vergnügen hinzugeben? In vieler Hinsicht wiederholten sich in ihrem Körper die Konturen, die sie zusammen erforscht hatten. Im Fenster spiegelte sich seitenverkehrt das Bild auf der Kinoleinwand. Das fluoreszierende Gesicht der Bardot war zu einer bizarren Grimasse verschoben.

Inhaltsloser Dialog. Als er das Appartement betrat, saß sie auf dem Balkon und lackierte sich die Fingernägel. Neben ihr auf dem Boden lag das Buch, das er ins Bidet geworfen hatte; unter der Sonnenhitze rollten sich die nassen Seiten auf und bildeten eine Art Rüsche. Sie blickte zu ihm auf und fragte: »Hat dir der Film gefallen?« Er ging ins Bad. Als er sich im Spiegel betrachtete, schnitt er unwillkürlich eine Grimasse; was er sah, war eine müde, frühzeitig gealterte Version seiner selbst. Die halb unterschwellige Ironie in ihren Bemerkungen irritierte ihn nicht länger. Ein breites Niemandsland trennte sie jetzt voneinander, über dem sich die letzten schwachen Signale ihrer Gefühle wie sinnlose Morsezeichen kreuzten. Ihre Stimme formte allenfalls noch mit den Perspektiven von Wand und Decke eine Art Modul, das jedoch so beziehungslos und erstarrt war wie das Design auf einer Waschmittelpackung.

Sie setzte sich zu ihm aufs Bett und fächelte den frischen Lack auf ihren Fingernägeln. Er starrte auf die Operationsnarbe über ihrem Nabel. Wie musste der Akt aussehen, der eine gültige Verbindung zwischen ihren Körpern herstellte?

Ein Handbuch der Sexualgeometrie. Geheime Vergnügen, an die er sich erinnerte: die Verbindung zwischen ihrer Schamgegend und den glänzenden Konturen des Bidets; das Verhältnis ihrer linken Brust zu dem weißen Kubus des Badezimmers, während sie sich über das Waschbecken beugte; die rätselhafte erotische Ausstrahlung der Hochgarage – ein Krafft-Ebing der anatomischen Geometrie; ihre platten Schenkel auf den Kacheln am Rand des Swimmingpools; ihre rechte Hand, die über die von Fingerabdrücken verschmierten Bedienungsknöpfe des Fahrstuhls glitt. Während er sie vom Bett aus beobachtete, rekonstruierte er diese Situationen – abstrakte Momentaufnahmen von delikaten Spielen.

Das Solarium. Der Strand, der hinter der Terrasse des Cafés begann, war menschenleer; in der glühenden Hitze glich der weiße Bimsstein einem gebleichten, verwitterten Fossil. Mit dem Bierfilz schob er die Zigarettenasche auf den Tischen zu kleinen Pyramiden zusammen. Die junge Frau las in ihrer Illustrierten. Ab und zu schnippte sie mit den Fingern nach der Fliege, die in ihren Zitronensaft gefallen war. Es juckte ihn zwischen den Beinen; ärgerlich zerrte er an dem feuchten Hosenstoff zwischen seinen Schenkeln herum. Während sie in dem kleinen Zimmer nahe dem Parkplatz auf dem Bett gelegen hatten, war er plötzlich aufgestanden, hatte sich angezogen und war mit ihr hinunter ins Café gegangen, gelangweilt von der Untersuchung ihrer chronischen Zystitis und ihrer entzündeten Harnröhre. Stundenlang hatte er ihr träges Fleisch abgetastet und nach dem verborgenen Ursprung ihrer erschlafften

Sexualität gesucht. Jetzt folgte er mit den Augen den Konturen ihrer Brüste und ihres Beckens, die sich unter dem gelben Leinenkleid abzeichneten. Dann wandte er seinen Blick einem jungen Mann zu, der zwischen den leeren Tischen auf sie zukam.

Imaginäre Perversionen. Er kippte den schalen Rest seines Biers in den Sand. »...das ist ein interessantes Problem: in welcher Beziehung ist eigentlich der vaginale Koitus stimulierender als der mit diesem Aschenbecher zum Beispiel, oder mit dem Winkel zwischen zwei Wänden? Der Geschlechtsakt ist inzwischen rein konzeptuell geworden, und unser Kontakt miteinander ist wahrscheinlich nur noch auf der Ebene der Perversion vorstellbar. Perversionen sind etwas vollkommen Neutrales und enthalten überhaupt keine psychopathologischen Elemente. Darüber hinaus sind diejenigen, die ich ausprobiert habe, allesamt überholt und veraltet. Wenn wir dem Absterben unserer sexuellen Aktivität nicht tatenlos zusehen wollen, müssen wir eben zu imaginären sexuellen Perversionen Zuflucht nehmen...« Die junge Frau wandte sich gelangweilt wieder ihrer Illustrierten zu. Dann sah sie auf den gebräunten Arm des jungen Mannes; das goldene Armband, das lose über seinem Handgelenk hing, hatte ihr Knie gestreift. Während der junge Mann zuhörte, glaubte man hin und wieder ein halb neugieriges, halb belustigtes Aufblitzen in seinen Augen zu sehen. Eine Stunde später sah er die beiden am Eingang des Autokinos miteinander reden.

Ein erotisches Spiel. »Haben wir angehalten?« Sie versuchte, mit der Illustrierten den Staub zu vertreiben, der in das Innere des Wagens drang, und wartete geduldig, während er sich mit dem Steuerrad abmühte. Die Straße endete abrupt zwischen den aschfarbenen Dünen. Auf der Ablage über dem Rücksitz hatte sich das

Buch wieder geöffnet und seine Seiten rollten sich in der Hitze auf wie eine japanische Blume. In den Vertiefungen des ausgetrockneten Flussbettes lag Schutt und Müll, seitlich vom Wagen standen die Überreste eines verrosteten Gerüsts. Trotzdem blieb ihre Position in Bezug auf den Verlauf des Flussbetts unbestimmt. Den ganzen Nachmittag gingen sie jetzt schon diesem absurden sexuellen Tick von ihm nach, stapften durch das staubige Gewirr der Bassins und über rissige Flächen von eingetrocknetem Schlamm, die albtraumhaften Schachbrettern glichen. Über ihnen spannte sich die Zugbrücke. Ihre geschwungene Linie schien so ungewiss und unbeständig wie ein Regenbogen. Sie blickte mit müden, erschöpften Augen zu ihm auf, als er zu ihr sagte: »Fahr du jetzt mal.«

Elemente eines Orgasmus. (1) Ihre unbeholfenen Bewegungen, als sie sich im Beifahrersitz halb umwandte, dann ihre Beine nachzog und sich mit der linken Hand am Türrahmen festhielt; (2) der Übergang zwischen ihren Schenkeln und der Aluminiumverkleidung des Trittbretts; (3) das Eindrücken ihrer rechten Brust an der Türfüllung, und das Freiwerden, als sie die Beine hinaus auf den sandigen Boden schwang; (4) die Überlagerung ihrer Knie mit der Schmalseite der Wagentür; (5) der ellipsenförmige Wischer, den ihre Hüfte auf dem staubigen Kotflügel hinterließ; (6) der kompakte, glänzende Mechanismus des Türschlosses inmitten der Erosionen dieser Landschaft; (7) die Brechung ihrer Bewegung in der Spiegelung des verbeulten Kühlergrills; (8) die Verbindung der Wölbung ihrer Schenkel mit dem Bogen der Zugbrücke, der Kontrast zwischen dem weichen Gewebe und dem spröden verwitterten Eisenbeton; (9) das Einsinken ihrer Knöchel in der weichen Asche; (10) der Druck ihrer linken Hand auf der verchromten Einfassung des linken Scheinwerfers; (11) der Schweißfleck auf der enganliegenden Bluse im Einschnitt zwischen ihren Brüsten, der die ganze ausgetrocknete Landschaft in sich aufzusaugen schien; (12) die Wölbung ihres Schamhügels, als sie sich im Fahrersitz zurücklehnte; (13) die Verbindung zwischen Schenkel und Steuerrad; (14) die gleitende Bewegung ihrer Finger auf den verchromten Bedienungsknöpfen des Armaturenbretts.

Post coitum triste. Er saß im abgedunkelten Schlafzimmer und hörte ihr zu, wie sie den Boden der Dusche schrubbte. »Willst du einen Drink? Wir könnten runter an den Strand gehen.« Er ignorierte ihre Frage, in der eine etwas verkrampfte Vertraulichkeit mitschwang. Durch das Fenster sah er die Leinwand des Autokinos und dahinter die angeschrägten Decks der Hochgarage.

Vorspiel. Von der Arkade aus, wo er halb verdeckt hinter einem Berg von Weidenkörben stand, sah er, wie im schwächer werdenden Tageslicht helle Fragmente von Schulter und Leistengegend auf der Leinwand aufleuchteten. Als sie den kleinen Raum neben dem Kartenkiosk verließen und auf die Hochgarage zugingen, folgte er ihnen in einiger Entfernung. Die Neonreklamen der Bars auf der gegenüberliegenden Straßenseite erhellten die Ränder der schräg ansteigenden Decks. Als sie aus der Stadt hinausfuhren, tauchten die ersten Plakatwände auf – Cinemascope-Aufnahmen von Schenkeln und Brüsten, Symbole enttäuschter Hoffnungen, eingebettet in die Konturen der ausgestorbenen Landschaft. In der Ferne lag der silbern schimmernde Bogen der Zugbrücke und darunter die Mondlandschaft des Flussbetts.

Konturen des Verlangens. Im dämmrigen Licht studierte er die Konturen des Flussufers. Die zerfallenen Uferbefestigungen versanken langsam im Sand und bildeten sich überschneidende Linien, in deren Brennpunkt die junge Frau aus dem geparkten Wagen stieg. Er sah die vollen Scheinwerfer eines Autos auf sich zurasen. Mit einer automatischen Bewegung wechselte er auf die Gegenfahrbahn. Die Perspektiven der Landschaft verschoben sich.

Irgendein blöder Unfall. Sie starrte auf das Blut, das an ihren Beinen hinunterlief. Ihr blutdurchtränkter Rock hing schwer an ihr herunter. Sie stieg über die leblose Gestalt, die mit dem Gesicht nach unten über einem herausgeschleuderten Autositz lag, und erbrach sich auf den öligen Sand. Sie wischte sich den erbrochenen Schleim von den Knien. Die Schnittverletzung unter ihrer linken Brust führte von unterhalb des Schulterblatts herum, wie eine Hand, die ihr unter dem Arm hindurch an das Herz griff. Ihre Handtasche lag neben einem umgestürzten Wagen. Erst beim zweiten Versuch gelang es ihr, sie aufzuheben; sie kletterte die Böschung hinauf und rannte stolpernd die Straße entlang, die Augen starr auf die Leinwand des Autokinos gerichtet, von der sich die riesigen Formen der projizierten Bilder über die Dächer ergossen.

Liebesszene. Während er den Wagen mit einer Hand steuerte, fuhr er über die Brücke hinter ihr her. Im Licht der Scheinwerfer konnte er ihre breiten Hütten erkennen. Einmal blickte sie sich nach ihm um, und als er fünfzig Schritte hinter ihr den Wagen stoppte und wendete, lief sie wieder weiter. Er fuhr ein Stück zurück, wendete erneut, löschte die Scheinwerfer, und fuhr wieder hinter ihr her. Er steuerte den Wagen von einer Seite der Straße auf die andere und variierte so ihre Position gegenüber den Plakatwänden entlang der Straße, gegenüber der Leinwand des Autokinos und den schrägen Wagendecks der Hochgarage.

Zone des Nichts. Sie nahm ihre Sonnenbrille ab. Unter den Strahlen der Sonne erglänzten die Ölschlieren auf der Windschutzscheibe wie ein fettiger Regenbogen. Sie rieb sich ihre Hände mit Kölnisch Wasser ab und wartete darauf, dass er wieder vom Strand zurückkam. Was machte er nur? Nach seinen kleinen Affären schien er eine Zone der Leere betreten zu haben. Ein junger Mann in roter Badehose kam den Sandweg herauf. Als er dicht am Wagen vorbeikam, lehnte er sich mit einer aufdringlichen Gebärde an die Wagentür, starrte sie an und berührte fast ihren Ellbogen. Sie ignorierte ihn, ohne die Situation im Geringsten als peinlich zu empfinden. Als er gegangen war, sah sie hinunter auf die Abdrücke seiner Füße im weißen Sand, die von den Rändern her schon wieder zusammenflossen – eine sachte Verschiebung der Geometrie, so leicht wie ein Flüstern. Sie legte das Buch beiseite und holte eine zerknitterte Zeitung aus dem Handschuhfach. Sie betrachtete die Fotos eines Autounfalls – umgestürzte Wagen, auf Bahren geschnallte Körper, daneben ein Mädchen mit schmutzverkrustetem Gesicht. Fünf Minuten später kam er zurück und stieg in den Wagen. Noch in Gedanken bei den Unfallfotos, die sie eben angesehen hatte, legte sie ihre Hand zwischen seine Schenkel. Neben dem Wagen sah sie die letzten Spuren der Fußabdrücke im Sand verschwinden.

8

Toleranzen des menschlichen Gesichts

Fünf Minuten und 3 Sekunden später erinnerte sich Travers an das Kamerateam, das eines Tages am Institut erschienen war und im Garten einen ziemlich ungewöhnlichen Dokumentarfilm gedreht hatte. Das Team war ihm zum ersten Mal am Tage seines Ausscheidens aus dem Institut aufgefallen, als er gerade dabei war, sein Gepäck im Wagen zu verstauen. Er war Claire Austins peinlichem Umarmungsversuch ausgewichen und in den Garten gegangen, um sich die Dreharbeiten aus der Nähe anzusehen. Die Patienten saßen wie Schaufensterpuppen auf dem zertretenen Gras, und das Team steuerte die Kamera zwischen ihnen hindurch, als sei sie ein kurzsichtiger Roboter. »Wie kommt Nathan dazu, solchen Leuten eine Dreherlaubnis zu erteilen? Die scheinen doch eine geradezu perverse Auffassung von einem Dokumentarfilm über Dementia Praecox zu haben…« Claire Austin ging auf den Regisseur zu und begann ihm Vorhaltungen zu machen, während er eine Patientin vor der Kamera in Positur brachte. Der Regisseur starrte sie gelangweilt an und ließ zwischen seinen Lippen eine Kaugummiblase entstehen. Dann musterte er Travers. Mit einer seltsamen Handbewegung forderte er das Kamerateam auf, die Kamera auf Travers zu richten.

Versteckte Gesichter. Travers schwang sich über das Geländer und stieß die Schwingtüren zum Vortragssaal auf. Hinter ihm zerrte das Kamerateam die Filmkamera auf ihrem Trolley über den Kiesweg. Der Regisseur stemmte die Hände in die Hüften und musterte Travers mit unangenehmen Blicken. Travers war nicht darauf vorbereitet, auf diese Art angestarrt zu werden; es war offensichtlich, dass ihn der andere mit einem psychotischen Patienten verwechselte. Das weckte schmerzliche Erinnerungen an die Rolle, die er – unfreiwillig – am Institut gespielt hatte, und an die endlosen, ermüdenden Auseinandersetzungen mit Nathan. Innerlich war er dem Institut längst entfremdet; in der Gegenwart seiner Kollegen war er ständig gereizt, und ihre unscheinbarsten Gesten enthielten für ihn immer neue Herausforderungen. Nur bei den Patienten fühlte er sich frei und ungezwungen. Er ging durch die leeren Sitzreihen unter der Leinwand. *Jeden Nachmittag, den er in dem leeren Kino zubrachte, spürte er, wie ihm die zwanghaft sich einstellenden Bilder von kollidierenden Autos mehr und mehr zusetzten. Die in Zeitlupe ablaufenden Filmaufnahmen – Rituale, in denen der Tod seiner Frau gefeiert wurde – ließen noch einmal die Erinnerungen an seine Kindheit aufleben; Träume, die sich selbst in der Geborgenheit des Schlafs in albtraumhafte Wirklichkeit verwandelten.* Er ging durch den Seitenausgang auf den Parkplatz hinaus. Neben dem Lastenaufzug stand der Wagen seiner Sekretärin. Er strich mit den Fingern über den eingedrückten Kotflügel, fuhr die ungewissen Konturen nach, die aus der Verbindung von Rost und Lack entstanden – eine Geometrie der Aggression und des Begehrens.

Gefälschte Wochenschaufilme. Claire Austin schloss die Tür auf und folgte Travers in das Labor. »Nathan hat mir ausdrücklich verboten…« Travers ignorierte ihren Protest und ging auf die Displays zu. Die Stöpsel der Kopfhörer, die in den Boxen hingen, waren herausgezogen; hier hatten die Studenten und Hausfrauen gesessen, die sich freiwillig für die Experimente zur Verfügung gestellt hatten. Während sie mit einer nervösen Bewegung den Schlüssel in ihrer Tasche verstaute, sah sie Travers zu, wie er in den Fotomontagen stöberte, die von den anästhetisierten Testpersonen hergestellt worden waren – ein beunruhigendes Diorama aus Schmerz und Verstümmelung: Wunden von merkwürdig sexuellem Charakter, imaginäre Gräueltaten aus dem Vietnamkrieg, der deformierte Mund von Jacqueline Kennedy. Zu dem Zeitpunkt, als Nathan die Versuchsreihe endlich abgebrochen hatte, war das Ganze für sie längst zu einem täglich wiederkehrenden Albtraum geworden – ein widerwärtiges Spiel, das den Testpersonen ein steigendes Vergnügen zu bereiten schien. Weshalb war Travers so besessen von diesen Bildern? Ihre sexuelle Beziehung zueinander war von einer fast unnatürlichen Zärtlichkeit, ihre Gefühle und Berührungen gingen so reibungslos ineinander über wie die Bewegungen einer Wanderdüne.

Aus der Unfallstation. Während er vom Wagen aus ein letztes Mal zum Fenster seines Büros hinaufsah, überkam Travers eine wehmütige Stimmung. Die Glasscheibe wurde in seinen Augen zu einem Element in einem vertikalen Himmel und zugleich zu einem Spiegelbild dieser immer feindseliger werdenden Landschaft. Als er die Handbremse löste, sah er einen jungen Mann in abgetragener Fliegerkluft vom Lastenaufzug her auf den Wagen zukommen. Er blieb an der Seitentür stehen und hantierte am Türgriff herum wie ein psychotischer Patient, der sich bemüht, seinen Esslöffel unter Kontrolle zu bekommen. Er ließ sich schwerfällig auf den Vordersitz fallen und deutete mit einer unerwartet herrischen Gebärde auf das Lenkrad. Travers starrte auf die flammenförmigen Narben auf seinem Handrücken. Er erinnerte sich; der Mann war ein ehemaliger Patient namens Vaughan, er hatte ihn in seinen Seminaren oft in der hintersten Reihe sitzen sehen. Seine Einweisung in die Anstalt hatte er Nathan und seinen raffinierten Machenschaften zu verdanken; Travers hatte darin sofort ein Warnsignal gesehen. Sollte er jetzt Vaughan zur Flucht verhelfen, wenn auch nicht feststand, dass ihm damit wirklich geholfen wäre? Sein Gesicht war so anonym wie das eines Tatverdächtigen, von dem man nur eine unzureichende Beschreibung hatte. Und in der Tat hatte er einen aggressiven Zug um den Mund, als wolle er im nächsten Moment ein heimtückisches und grausames Verbrechen begehen. Noch ehe Travers etwas sagen konnte, hatte er den Zündschlüssel umgedreht und den Wagen gestartet.

Hard-Edge. Dr. Nathan forderte die junge Frau auf, sich auszuziehen. Mit einem Ausruf des Erstaunens starrte er die Striemen an ihren Hüften und auf ihrem Gesäß an. »Travers… ?« Unwillkürlich wandte er sich um und warf einen Blick auf Claire Austin, die steif und abweisend am Fenster stand. Während er vor sich hin murmelte, untersuchte er die Blutgerinnsel unter der Haut der jungen Frau. Sie schien keinen Hass auf Travers zu empfinden, was auf den ersten Blick darauf schließen ließ, dass die Wunden sexueller Natur waren. Doch in Wirklichkeit hatten sie eine ganz andere Bedeutung – bei näherem Hinsehen stellte man nämlich fest, dass sich die Striemen genau rechtwinklig überschnitten. Er wartete am Fenster, während sich die junge Frau wieder anzog. »Merkwürdig, was sich unter dem Lächeln dieser Mädchen so alles verbirgt – haben Sie ihre kleine Kunstgalerie gesehen?« Claire Austin ließ die Jalousie herunter. »Ein extremer Fall von Concept Art, allerdings kaum der Stil von Travers. Sie nehmen ihr das doch nicht ab?« Dr. Nathan machte eine unwirsche Bewegung. »Selbstverständlich tue ich das. Das ist es ja gerade. Er hat versucht, eine Verbindung zu ihr herzustellen – aber auf eine ganz neue Art und Weise.« Unten fuhr ein Wagen aus der Ausfahrt. Er reichte dem Mädchen einen Topf Salbe. Irgendwo gab es eine Vernissage, die mehr als nur die Hautoberfläche einer Tippse umfasste…

Evakuierung. Alle drei Fahrbahnen waren durch wartende Autoschlangen blockiert. Vor der Unterführung standen Polizeiautos und Krankenwagen mit rotierenden Blaulichtern. Travers lehnte seinen Kopf gegen das schlammverspritzte Seitenfenster. Die letzten Tage hatten sie in einem endlosen Durcheinander von Autobahnen, Plakatsäulen und Autofriedhöfen verbracht, ohne dass ein Ziel oder eine Richtung erkennbar geworden wäre. Er hatte Vaughan mit Absicht die Führung überlassen, um zu sehen, welche Richtung sich abzeichnen würde und welche Verbindungsstellen sie auf den spinalen Strecken kreuzen würden. Groteske Wegzeichen markierten die Strecke, die sie auf ihrer Irrfahrt zurückgelegt hatten: ein Radio-Observatorium, Ausscheidungsrennen für schrottreife Wagen, Soldatenfriedhöfe, Hochgaragen. Unterwegs hatten sie zwei trampende Mädchen mitgenommen, die Vaughan auf dem Rücksitz zu vergewaltigen versuchte. Während er mit den beiden rang – eine Pantomime aus merkwürdig stilisierten Bewegungen und Griffen –, beobachtete er Travers im Rückspiegel. In seinem Blick lag eine aufreizende Ironie, die wie eine Persiflage auf die Wochenschauberichte über Oswald und Sirhan anmutete. Einmal, als sie den Seitenstreifen eines neuen Autobahnabschnitts entlanggingen, hatte sich Travers umgewandt und festgestellt, dass in Vaughans wissendem Blick das unirdische Leuchten des reinen Wahnsinns lag. Er war geradezu von einer Aura der Gefahr und Gewalttätigkeit umgeben. Bald danach verlor Travers das Interesse an ihrem gemeinsamen Experiment. An der nächsten Tankstelle wartete er, bis Vaughan im Waschraum verschwunden war, und fuhr davon.

Originalgröße. Ein Helikopter schwirrte über ihn hinweg. Neben dem Piloten kauerte ein Kameramann. Die Maschine kreiste über dem umgestürzten Lastzug, machte eine Wendung und schwebte auf die drei Autowracks am Straßenrand herab: Großaufnahmen für einen neuen Jacopetti, eine jener mit großem Aufwand produzierten Fortsetzungen von »Mondo Cane«. Travers startete den Motor und fuhr über den Mittelstreifen los. Er hörte, wie hinter ihm der Helikopter scharf hochgezogen wurde. Während er über der Autobahn anflog, wirbelten die Schatten seiner Rotoren über den Beton wie die strampelnden Beine eines verwundeten Insekts. Travers drückte den Wagen mit einer jähen Bewegung auf die Überholspur. Dreihundert Meter weiter raste er erneut über den Mittelstreifen und manövrierte den schleudernden Wagen in eine Ausfahrt. Während der Helikopter über ihm kreiste und dann auf ihn herabzustoßen begann, erkannte er den Mann im weißglänzenden Raumanzug, der zwischen Pilot und Kameramann eingezwängt saß.

Toleranzen des menschlichen Gesichts bei Frontalzusammenstößen. Travers ließ sich von Karen Novotny ein Glas Whisky reichen. »Wer ist dieser Koester? Der Zusammenstoß auf der Autobahn war nur ein Ablenkungsmanöver. Die Hälfte der Zeit bewegen wir uns wie Schachfiguren in den Spielen anderer Leute.« Er folgte ihr hinaus auf den Balkon. Der abflauende Verkehr wand sich über die Straße, die in weitem Bogen um den Park herumführte. Während der letzten Tage hatte er das angenehme Gefühl gehabt, sich in einem Niemandsland zu befinden, in einer leeren anonymen Zeitzone. Als sie mit einer merkwürdig zutraulichen Gebärde ihre Hand auf seinen Arm legte, blickte er sie zum ersten Mal seit der letzten halben Stunde an. Eine seltsame junge Frau, die sich in einem Komplex undefinierter Rollen bewegte; eine Revolverbraut intellektueller Ganoven, die einen verblasenen kunstkritischen Jargon pflegte und ausgefallene Zeitschriften abonnierte. Er hatte sie in einer Pause zwischen den Filmvorführungen angesprochen und sofort erkannt, dass sie ein perfektes Modul sein würde für die Rekonstruktion, die er sich ausgedacht hatte. Was mochte sie und ihre zwielichtige Clique zur Teilnahme an einer Konferenz über Gesichtschirurgie veranlasst haben? Zweifellos waren die einzelnen Vorträge im Veranstaltungskalender der *Vogue* aufgeführt – da nun einmal Spezialisten für Tropenkrankheiten bei ihren Anhängern ebenso populär waren wie extravagante Haarkünstler. »Und du, Karen? Möchtest du nicht gerne zum Film?« Sie fuhr mit dem Zeigefinger die Konturen seines Handgelenks nach. »Wir sind doch alle im Film.«

Der Tod des Affekts. Er parkte den Wagen zwischen den Kiefern, die in der Sonne einen merkwürdig phosphoreszierenden Schimmer hatten. Er stieg aus und ging durch das Farnkraut hinüber zur Straßenböschung. Die Straße führte unter einer Brücke hindurch und teilte sich dann zwischen den Bäumen. Travers half ihr die Böschung hinauf. Während er sie beobachtete – sein Gesicht halb verdeckt hinter dem weißen Pelzkragen seiner Jacke –, begann er die Unfallspuren abzuschreiten. Nach fünf Minuten winkte er sie zu sich heran. »Hier hat sich der Zusammenprall ereignet – Roll-Over mit anschließendem Frontalzusammenstoß.« Er starrte angestrengt auf die Fahrbahn. Der Unfall lag vier Jahre zurück, und die letzten Spuren der Ölflecke waren längst verblichen. Von welcher unerfindlichen Logik seine gelegentlichen Besuche auch diktiert sein mochten – nach so langer Zeit gaben sie nichts mehr her. Eine brütende Stille lag über dieser Landschaft aus Zement und Kiefernwäldern, dieser Endmoräne der Gefühle, deren Erinnerungsschutt so nichtssagend war wie der Kram, den er einmal in den Hosentaschen eines toten Schuljungen gefunden hatte. Er fühlte den leichten Druck von Karens Hand auf seinem Arm. Sie starrte auf die Abflussrinne zwischen dem Fundament der Brücke und der Straße, wo sich in dem verwaschenen Beton die Gelenkstelle einer riesigen kinetischen Skulptur abzuzeichnen schien. Aus einer plötzlichen Eingebung heraus fragte sie ihn: »Wo war die Bremsspur, die der Wagen gemacht hat?« Er führte sie zu der Stelle hin und beobachtete, wie sie den Unfall anhand seiner nativen Parameter rekonstruierte. Welche Alternative hätte sie damals wohl vorgezogen: die Baltimore–Washington Parkway; die Highway-Konzeption der 50er Jahre; oder – die ausgefallenste dieser drei Möglichkeiten – die Embarcadero Freeway?

Das 6-Sekunden-Epos. Die Jacopetti-Retrospektive war ein voller Erfolg gewesen. Travers wartete auf der Galerie, bis die Zuschauer das Auditorium verlassen hatten. Während sich der Saal leerte, erkannte er die inzwischen vertraute Gestalt des Veranstalters in seiner zerschlissenen Fliegerjacke; er stand neben einer Bildwand, die die Gräueltaten des Biafra-Krieges dokumentierte. Seit er vor zwei Wochen wieder auf der Bildfläche erschienen war, hatte Vaughan an einer Reihe von zweifelhaften Unternehmungen teilgenommen: Schlägereien mit der Polizei; ein Festival des masochistischen Films; ein obszönes Theaterstück, in dem ein 9-jähriges Mädchen, im Stil von Marie Antoinette gekleidet, einem Paar beim Geschlechtsakt zusah. Die Art, wie er sich diesem Zeitvertreib hingab, hatte etwas Zwanghaftes; sie war ein Ausdruck der verzweifelten Ironie, mit der er sich umgab. Seine feindselige Haltung gegenüber Karen Novotny, die schon in den ersten Augenblicken ihres Treffens deutlich geworden war, ließ sich ebenfalls als ein Ausdruck seiner abstrakten Emotionen und Absichten verstehen. Selbst in diesem Augenblick, als er Karen und Travers zuwinkte, schien er ihren Körper erwartungsvoll nach den Wunden abzusuchen, die er sich dort eines Tages erhoffte. Travers stellte bestürzt fest, dass er ihm Karen immer mehr auslieferte.

Eine neue Algebra. »Travers wollte also, dass Sie das hier für ihn zusammenstellen?« Dr. Nathan sah sich die Fotokopien an, die ihm Claire Austin auf den Tisch gelegt hatte: (1) Vorderansicht einer Hochgarage; (2) Mittlerer intrapatellarer Abstand bei Coretta King und Ethel M. Kennedy (die Schätzungen wurden während der beiden Begräbniszeremonien vorgenommen); (3) Nahaufnahme von Damm und Schamleiste eines 6-jährigen Mädchens; (4) Reproduktion eines Voice-Prints vom letzten Funkspruch Oberst Komarovs auf der Hülle einer kommerziellen 45er Schallplatte; (5) der Text der Studie »Toleranzen des menschlichen Gesichts bei Frontalzusammenstößen«. Dr. Nathan schob die Unterlagen beiseite und schüttelte den Kopf. »›Zündmechanismen‹? – Weiß der Himmel, was Vaughan da für einen Gewaltakt plant. Es sieht so aus, als ob Koesters Film am Ende eine schlimme Überraschung bringen wird.«

Madonna der Hochgarage. Sie lag auf der Seite und wartete geduldig, während er mit den Händen die Muskulatur ihres Unterleibs erforschte. Auf dem Bildschirm des Fernsehgeräts war ein Panzer zu sehen, der eine Bambushütte niederwalzte – ein Vorgang, der aus einem unerklärlichen Grund einen enormen Kraftaufwand zu erfordern schien. Dann sah man Angehörige einer amerikanischen Pioniereinheit, die sich wie aufmerksame Touristen während einer Führung um einen Erdbunker versammelten. Seit Tagen bewegte sich die Welt um ihn herum wie in Zeitlupe. Travers wirkte zunehmend in sich gekehrt und verschlossen, während er mit ihr ziellos durch die Gegend fuhr oder sich mit Experimenten von völlig abstrakter Natur beschäftigte: sein Drang, eine geschlechtliche Vereinigung mit den stummen Bildern von Kriegsfilmen zu erzielen; seine zwanghafte Beschäftigung mit den Konstruktionen von Hochgaragen (deren geneigte Ebenen ein Modell von Karens

Körperbau zu ergeben schienen); sein fasziniertes Interesse an dem geheimnisvollen Kamerateam, das ihnen auf Schritt und Tritt folgte. (Was war wohl der Grund für das gespannte Verhältnis zwischen Travers und dem unsympathischen Regisseur? War es eine Art homoerotische Eifersucht? Oder war es ein anderes »Spiel«?) Sie dachte zurück an die unzähligen Stunden, die sie wartend auf dem Platz vor der Kunstakademie verbracht hatte, während er den Studenten Geld zusteckte und sie dazu überredete, mit Karen und ihm zum Appartement zu kommen und ihnen beim Geschlechtsakt zuzusehen. Dann hatte sich Travers auf die Erfindung imaginärer Psychopathologien verlegt. Dabei benutzte er ihren Körper und ihre Reflexe als ein Modul für eine Serie von widerwärtigen Versuchen, als erhoffe er sich davon einen Ablauf, in dem sich der Tod seiner Frau wiederholen ließ. Peinlich berührt dachte sie an Vaughan, der dabei ständig unverhofft aufzutauchen pflegte. Das Diagramm seiner Gesichtszüge bildete eine Geometrie der Mordgier.

Innere Emigration. Den ganzen Nachmittag fuhren sie jetzt schon den Highway entlang. Travers folgte mit gleichbleibender Geschwindigkeit dem weißen Wagen mit der zersplitterten Windschutzscheibe. Hin und wieder warf der Fahrer einen Blick über die Schulter, so dass man sein scharf geschnittenes Gesicht erkennen konnte. Es war Vaughan. Sie kamen in eine Seenlandschaft mit ausgedehnten Kiefernwäldern. Vaughan fuhr von der Straße herunter und parkte seinen Wagen unter den Bäumen. Er stieg aus und verschwand mit schnellen Schritten im Wald. Travers hielt neben der weißen Limousine an. Auf dem staubigen Blech waren seltsame Graffiti zu erkennen. Er folgte Vaughan, der jetzt am Ufer eines Sees entlangging. Ein gleichmäßig diffuses Licht drang durch die dicht stehenden Bäume. Nach einer Weile sah er das Dach einer großen Halle über die Baumgipfel ragen; sie gehörte zu einem Gebäudekomplex am Rande eines Universitätsgeländes. Vaughan überquerte den Rasen und schritt auf die Glastür zu. Als Travers den Schutz der Bäume verließ, hörte er plötzlich das Dröhnen eines Hubschraubers über sich. Die Maschine senkte sich langsam auf ihn herunter. Er machte kehrt und lief auf seiner Fußspur zwischen den Bäumen zurück. Während der nächsten Stunde verharrte er abwartend am Ufer des Sees.

Cinecity. Bei Einbruch der Dunkelheit ging Travers unerkannt durch die Besucher, die dicht gedrängt auf der Terrasse standen. Der Helikopter stand jetzt auf dem Rasen, seine Rotoren hingen auf das feuchte Gras herunter. Durch die Glastüren konnte er ins Innere der Halle sehen, wo auf einer riesigen halbkreisförmigen Leinwand mehrere Filmprogramme gleichzeitig abliefen. Travers mischte sich unter die Zuschauer, stimmte hin und wieder in das Beifallklatschen ein und studierte die Reaktionen dieser studentischen Versammlung, in der sich auch zahlreiche ältere Fans befanden. Die Filme zeigten endlose Serien von ständig wiederkehrenden Bildern: Aufnahmen von Transplantationen, autistischen Personen, senilen Greisen, Autounfällen und Flugzeugabstürzen; vor allem aber die Montage-Landschaften von Krieg und Tod: Filmberichte aus Vietnam und dem Kongo, Lehrfilme für Hinrichtungskommandos und ein Streifen, der die Funktionsweise einer Gaskammer erläuterte. *Sequenz in Zeitlupe: Highways und Uferböschungen im Dämmerlicht eines zu Ende gehenden Tages; dazwischen geschnitten: Aufnahmen vom Körper einer jungen Frau. Sie lag auf dem Rücken, ihr zerschnittenes Gesicht zu einer verzerrten Grimasse gefroren, wie gesplittertes Eis. Mit fast träumerischer Ruhe glitt die Kamera über ihren entstellten Mund und über ihre Schenkel, die ein dunkles Geflecht von geronnenem Blut überzog. Die erstarrte*

Geometrie ihres Körpers, in der sich die Ebenen von Schmerz und Wolllust überlagerten, bot ein erregendes Schauspiel. Während er von der Böschung auf sie heruntersah, ertappte sich Travers dabei, wie er an seine Kindheit dachte, und wie bereitwillig er sich schon damals vom Bild des Todes hatte faszinieren lassen.

Pech. Über diese Periode seines Lebens schrieb Travers unter anderem: »Zwei Wochen nach dem Ende des Zweiten Weltkriegs verließen meine Eltern und ich das Internierungslager in Lunghwa und wir kehrten zurück in unser Haus in Shanghai, das die japanische Gendarmerie als Hauptquartier benutzt hatte. Unsere vier Hausangestellten waren noch da. Es gab nichts zu essen. Kurze Zeit danach zogen zwei amerikanische Colonels in das Nachbarhaus ein. Von ihnen erhielten wir Konserven und Medikamente. Ich freundete mich mit ihrem Fahrer an – einem gewissen Corporal Tulloch –, der mich oft in seinem Jeep mitfahren ließ. Im Oktober flogen die beiden Colonels nach Chungking. Tulloch fragte mich, ob ich Lust hätte, mit ihm nach Japan zu gehen. Ein Sergeant der Versorgungseinheit, die im Park Hotel ihr Hauptquartier aufgeschlagen hatte, sei ein guter Bekannter von ihm und habe ihm einen Round Trip nach Osaka angeboten. Mein Vater war geschäftlich unterwegs, und meine Mutter war zu krank, um sich zu dieser Frage zu äußern. Am nächsten Tag machten wir uns auf den Weg. Die Amerikaner hatten einen regen Flugbetrieb zwischen Japan und dem Festland. Wir gingen aber nicht zum Flugplatz von Nantao, sondern zum Hafen von Hongkiu. Tulloch sagte, wir würden in einem LCT* mitfahren. Japan war 500 Meilen entfernt, die Fahrt würde nur ein paar Tage dauern. Während wir

* LCT (Landtag Craft Tank): eine Art Containerschiff für Landungsboote. (Anm. d. Übers.)

durch Hongkiu fuhren, sah ich, dass eine große Anzahl amerikanischer Landungsboote und Versorgungsschiffe im Hafen lagen. Auf dem schlammigen Ufergelände bei Yangtsepoo lagen die riesigen Gefangenenlager, wo die Amerikaner die letzten Reste der japanischen Einheiten sammelten, die zur Repatriierung bestimmt waren. Als wir ankamen, lagen vier LCTs vor Anker. Japanische Soldaten in zerrissenen Uniformen bewegten sich in einer langen Schlange über ein Bambus-Pier auf die Laderampe zu. Wir stiegen mit einigen amerikanischen Soldaten die hintere Gangway hinauf und gingen nach vorn, um einen Blick in den Laderaum zu werfen. Unten sahen wir an die 400 Japaner, die dicht gedrängt auf dem Boden saßen und zu uns heraufsahen. Der Gestank war so stark, dass wir wieder nach hinten gingen. Tulloch und die anderen spielten Karten und ich blätterte ein paar alte Exemplare des *LIFE Magazine* durch. Als sich nach zwei Stunden die anderen LCTs flussabwärts in Bewegung setzten, brach ein Streit aus zwischen den Offizieren, die das Schiff befehligten, und dem Kommando, das zur Bewachung der Japaner abgestellt war. Es ergab sich, dass die Abfahrt aus irgendeinem Grund auf den folgenden Morgen verschoben werden musste. Wir fuhren mit einem Lastwagen nach Shanghai zurück. Am nächsten Morgen wartete ich vor dem Park Hotel auf Tulloch. Als er schließlich herauskam, sagte er mir, dass es eine weitere Verzögerung gegeben habe. Er schickte mich nach Hause und sagte, er werde mich am nächsten Morgen abholen. Als wir am nächsten Morgen zum Pier zurückkamen, stellte ich erleichtert fest, dass das LCT noch vor Anker lag. Das Gefangenenlager war leer. Zwei Schlepper hatten zu beiden Seiten des LCT festgemacht. Auf Deck drängten sich zahlreiche Passagiere, die erregt aufeinander einredeten. Tulloch und ich fanden schließlich einen Platz unter der Brücke. Die Japaner im Laderaum waren in ziemlich schlechter Verfassung. Viele lagen auf dem Boden und schienen zu keiner Bewegung mehr fähig zu sein. Nach einer Stunde kam ein Landungsboot längsseits. Tulloch sagte, wir müssten auf ein Versorgungschiff umsteigen, das bei der nächsten Flut auslaufen sollte. Als ich ins Landungsboot hinunterkletterte, wurde ich zusammen mit zwei orientalischen Frauen abgewiesen. In diesem Augenblick rief mir einer der Bewacher zu, ich solle zurück an Bord kommen. Er sagte, das LCT würde in Kürze losmachen, und ich könne mitkommen. Tulloch rief mir zu, ich solle ins Park Hotel zurückgehen. Ich sah dem Landungsboot nach, wie es quer über den Fluss davonfuhr. Die beiden Frauen gingen zurück an Land. Abends gegen 8 Uhr brach zwischen den Amerikanern eine Schlägerei aus. Ein japanischer Sergeant stand auf dem Vorderdeck unter der Brücke. Er blutete aus mehreren Wunden im Gesicht und auf der Brust. Die Amerikaner brüllten sich an und schlugen aufeinander ein. Kurze Zeit später trafen drei Lastwagen ein, und eine Gruppe amerikanischer Militärpolizisten kam an Bord. Als sie mich sahen, forderten sie mich auf, das Schiff zu verlassen. Ich ging in der Dunkelheit zu den leeren Baracken des Lagers zurück. Als ich an den Lastwagen vorbeikam, sah ich, dass sie mit Benzinkanistern beladen waren. Eine Woche später kehrte mein Vater von seiner Geschäftsreise zurück. Er nahm mich mit zu seiner Baumwollspinnerei, die zwei Meilen flussabwärts bei Pootung lag. Als wir auf dem Fährschiff der Mollar-Linie das Lager von Yangtsepoo passierten, lag das LCT noch immer am Pier. Ich sah, dass man den vorderen Teil des Schiffes in Brand gesetzt hatte. Aus dem Laderaum drang immer noch dichter Qualm. Militärpolizisten mit schussbereiter Waffe standen am Ufer.«

»**Hommage Abraham Zapruder**«. Nacht für Nacht ging Travers in das verlassene Gebäude zurück und sah sich die Filme an, die pausenlos an die Wände projiziert wurden: gestellte Filmberichte von Opfern eines Napalm-Bombardements, von Autounfällen und Massenkarambolagen. Er folgte Vaughan von einem Vorführraum zum anderen, und wenn er sich setzte, achtete er darauf, dass immer mehrere Sitzreihen zwischen ihnen lagen. Als eine elegante Gesellschaft in Abendgarderobe den Raum betrat, ging er mit Vaughan ins nächste Stockwerk, wo die Bibliothek untergebracht war. Die Gruppe folgte ihnen. Während Vaughan einige Zeitschriften durchblätterte, hörte Travers auf den Smalltalk von Koester und seinen Damen im Hintergrund. Koesters Gesicht sah aus wie eine jener gestellten Filmaufnahmen.

Go/No-Go Detector. Die folgenden Tode beschäftigten Travers. *Malcolm X:* die letzten ersterbenden Zuckungen der Nervenfasern, so rein und elegant wie das Zittern der Hände eines an Rückenmarksschwindsucht leidenden Patienten; *Jayne Mansfield:* der Tod der erotischen Verbindungsbögen ihrer Brüste unter der gläsernen Guillotine einer gesplitterten Windschutzscheibe; *Marilyn Monroe:* der Tod ihrer weichen Lenden; ihre fallende rektale Temperatur umschrieb die erste Verbindung zwischen dem erkalteten Perineum und den weißen Wänden des modernen Appartements; *Jacqueline Kennedy:* der imaginäre Tod, definiert durch die erlesene Erotik ihres Mundes und die paranoide Logik ihrer Beinstellung; *Buddy Holly:* die Zähne des toten Popstars glichen den melancholischen Felskuppen der bretonischen Küste, sie waren milchige Kugeln, Kondensationen seiner eingeschläferten Sinne.

Die Sex-Tode der Karen Novotny. In dem stillen Vorführraum lief der letzte Film an. Vaughan beugte sich nach vorn. Travers erkannte die Gestalten auf der Leinwand: Dr. Nathan, Claire Austin und er selbst. In mehreren raschen Einstellungen spielten sich die Sex-Tode Karen Novotnys vor ihnen ab. Travers starrte auf das Gesicht der jungen Frau, erregt von ihren Posen, ihrer Muskulatur, und von den Fantasien der Gewalt, die er in den imaginären Filmberichten gesehen hatte.

Das Drehbuch zu einem Traum. Als Travers durch die Bäume auf seinen Wagen zuging, erkannte er Karen Novotny, die hinter dem Steuer saß; die untere Hälfte ihres Gesichts verschwand in einem hochgeschlossenen Pelzkragen. Auf der Ablage über dem Armaturenbrett erkannte er das weiße Futteral ihres Fernglases. Er öffnete die Wagentür und setzte sich auf den Beifahrersitz. Karen sah ihn mit müden Augen an. Ihre Hand tastete nach dem Zündschlüssel. »Wo bist du so lange gewesen?« Travers studierte schweigend ihren Körper, die Verbindung ihrer Schenkel mit dem Vinyl des Schonbezugs, ihre nervösen Finger, die über die chromglänzenden Bedienungsknöpfe glitten.

Konzeptuelle Spiele. Dr. Nathan beugte sich nachdenklich über die Liste, die er vor sich auf dem Schreibtisch liegen hatte. (1) Der Katalog zu einer Ausstellung von Tropenkrankheiten im Welcome Museum; (2) chemische und topographische Analysen der Exkremente einer jungen Frau; (3) Diagramme weiblicher Körperöffnungen: bukkal, orbital, anal, urethral; auf einigen davon waren Wundmale markiert; (4) das Ergebnis einer Befragung, in der Eltern dazu aufgefordert wurden, sich verschiedene Wege zur Beseitigung ihrer Kinder auszudenken; (5) ein morbider und hasserfüllter Bericht einer Person über ihre Schwächen, körperlichen Defekte und ihren Ekel vor sich selbst. Dr. Nathan lehnte sich zurück und inhalierte tief den Rauch seiner Zigarette. Waren dies Bestandteile eines konzeptuellen Spiels? Er wandte sich zu Claire Austin um, die wie immer abwartend am Fenster stand, und sagte: »Sollten wir Miss Novotny warnen?«

Biomorpher Horror. Dr. Nathan gab sich einen Ruck und wandte seinen Blick von Claire Austin ab. Während er sich fragte, ob sie ihm überhaupt zuhörte, fuhr er fort: »Travers' Problem ist es, wie er sich zu den Zeichen der Gewalt verhalten soll, die ihn sein Leben lang verfolgt haben – und damit meine ich nicht die gewaltsamen Aspekte eines Unfalls oder des Verlustes eines Menschen, der einem nahegestanden hat, auch nicht die Schrecken des Krieges, sondern vielmehr den biomorphen Horror, den wir angesichts unseres eigenen Körpers empfinden, wenn wir an die ungefüge Geometrie der Haltungen denken, die wir einnehmen. Travers hat nun endlich erkannt, dass die eigentliche Bedeutung dieser gewaltsamen Akte anderswo zu suchen ist – in etwas, das man den ›Tod des Affekts‹ nennen könnte. Denken wir einmal an all die Dinge, die uns Vergnügen bereiten: die Erregung, die uns ergreift, wenn wir jemand Schmerz zufügen; die vollkommene Arena des Sex, in der wir wie in einer sterilen Bakterienkultur die präzisen Figuren unserer Perversionen in den Sand zeichnen; die masochistischen Freuden von Voyeuren, die sich vor sich selbst ekeln; die moralische Freiheit, unsere eigenen Psychopathologien als Spiel zu betreiben und sie vermöge unserer Fähigkeit zur Abstraktion zu sublimieren. Was unsere Kinder zu fürchten haben, sind nicht die Gefahren des Straßenverkehrs von morgen, sondern die Lustgefühle ihrer Eltern beim Kalkulieren der elegantesten Verfahrensweise für die Herbeiführung ihres gewaltsamen Todes. Konzeptualisierung ist das einzige Bindeglied, das noch zwischen unseren Körpern und Sinnen wirksam ist. Gewalt ist die konzeptuelle Form des Schmerzes. In diesem Sinne ist Psychopathologie das konzeptuelle System für unsere geschlechtlichen Beziehungen.«

Sinkgeschwindigkeiten. In dieser Zeit nach seiner Rückkehr zu Karen Novotny war Travers mit folgenden Arbeiten beschäftigt:

Ein Artikel, der zwingend die Bedeutung und Berechtigung der filmischen Arbeitsweise von Jacopetti nachweisen sollte; ein Beitrag für ein Symposium zum Thema »Optimaler Autounfall«, das von einer führenden Zeitschrift veranstaltet wurde; das Vorwort zum Katalog einer Ausstellung von imaginären Geschlechtsorganen, das er auf Anregung eines ehemaligen Kollegen schreiben sollte. Versunken in die Problemstellungen dieser Themen besuchte Travers eine Kunstgalerie nach der anderen und machte dazwischen mehrere Abstecher zu Tagungen und Konferenzen. Karen Novotny fühlte sich bei diesen Exkursionen immer mehr ausgeschlossen und isoliert. Voranzeigen für den Film über ihren Tod hatten in mehreren Filmzeitschriften zu erscheinen begonnen, und die ersten Plakate tauchten an den Wänden der U-Bahn-Stationen auf. »Nichts als Spielereien, Karen«, beruhigte er sie. »Demnächst werden sie dich womöglich auch noch in Filmaufnahmen zeigen, in denen du neben einem Krüppel im Rollstuhl onanierst...«

Imaginäre Krankheiten. Claire Austin dagegen sah in diesen Aktivitäten den Beweis dafür, dass er sich in einem Zustand der äußersten Verzweiflung befand. Es schien ihr, als verlasse er sich absichtlich nur noch auf das Zufällige und Groteske. Nach ihrem Treffen in der Ausstellung hatte sie Travers so hart am Arm gepackt, dass sie vor Schmerz zusammengezuckt war. Um ihn zu besänftigen, nahm sie sich den Katalog vor und las sein Vorwort durch. *»Bernoulis Enzyklopädie der imaginären Krankheiten«* entstand während seiner Tätigkeit als Privatdozent an der Universität Frankfurt. Ausgehend von den imaginären Erkrankungen des Larynx wandte er sich einer Reihe von fiktiven Dysfunktionen der respiratorischen und kardiovaskulären Systeme zu. Innerhalb weniger Jahre, nachdem er auch noch das zerebrospinale System abgehandelt hatte, entstand so die umfassende Darstellung einer fiktiven Pathologie. Bernoulis

Monographien über imaginäre Sprachstörungen und Erkrankungen der Harnblase und des Anus gelten als bahnbrechende wissenschaftliche Arbeiten jener Periode. Seine bedeutendste Arbeit ist zweifellos seine erschöpfende Darstellung der ›Imaginären Erkrankungen der Geschlechtsorgane‹ – seine Konzeption der imaginären Geschlechtskrankheiten ist eine Tour de Force der brillanten Beweisführung und Überzeugungskraft. Ein eigenartiger Aspekt von Bernoulis Arbeit, der nicht übersehen werden darf, ist die Tatsache, dass sich selbst die höchst bizarr anmutenden Erscheinungsformen seiner imaginären Krankheiten – Höhepunkte seiner Kunstsinnigkeit und Imagination – überraschend stark an die tatsächlichen Gegebenheiten der Pathologie annähern…«

Eine Synthese von Freud und Euklid. Wenn Travers sie umarmte, lagen in seinen Bewegungen weit voneinander abgelegene Formen seiner Zuneigung, in denen sich eine Synthese von Freud und Euklid offenbarte. Claire Austin saß etwa auf dem Bettrand, während sich seine Hände unter ihrer linken Achselhöhle hindurch bewegten, als erkundeten sie die Parameter einer spekulativen Geometrie. Auf dem Boden lag eine Filmzeitschrift mit einer Serie von Aufnahmen, die eine junge Frau in verschiedenen Todesstellungen zeigten – Standaufnahmen aus Koesters Dokumentarfilm. Diese eigentümlichen geometrischen Elemente enthielten Ansätze zu einer grausigen Gewalttat. Weshalb hatte sie Travers in dieses Appartement am Zoo eingeladen? Die Räume enthielten Spuren der körperlichen Gegenwart einer anderen Frau – der Hauch eines fremden Parfums auf dem Bettlaken, eine zerknüllte Packung Antibabypillen in der obersten Schublade der Kommode, die intime Algebra der auf Bett und Couch angeordneten Kissen. Unablässig beschäftigte er sich mit seinen obszönen Fotos: linke Brüste, Grimassen schneidende Tankwarte, Wundmale, Kataloge japanischer

Pornofilme – »Zielgebiete, zum Einschießen«, wie er es nannte. Es schien nichts zu geben, was er nicht automatisch auf seine latenten pornographischen Möglichkeiten untersuchte. Sie verzog das Gesicht, als er ihre linke Brustwarze zwischen Daumen und Zeigefinger nahm; eine obszöne Geste, Teil einer neuen Grammatik der Rohheit und Aggression. Ähnlich hatte sie sich unter Koesters kalten Blicken gefühlt, wenn sie vor der Hochgarage unversehens auf sein Aufnahmeteam gestoßen war. Vaughan hatte neben dem demolierten Wagen gestanden und sie mit unverhohlener Gier angestarrt.

Das Spiel mit dem Tod, a) konzeptuell. Wenn er jetzt an den Tod seiner Frau zurückdachte, verstand er ihn als einen Ablauf, der sich als eine Serie von Spielen konzipieren ließ: (1) Eine Show mit dem Titel »Crash«; (2) eine Volumenkrümmung in einer neuen transfiniten Geometrie; (3) eine sechzig Meter lange, aufblasbare Skulptur aus Kapok; (4) ein Satz Dias von rektalen Krebsgeschwülsten; (5) ein Brettspiel; (6) sechs Anzeigen aus *Vogue* und *Harper's Bazaar;* (7) Papierbögen mit Puppenfiguren zum Ausschneiden (auf den Figuren sind ausklappbare Wundstellen angebracht); (8) die »imaginären« Pudenda Ralph Naders; (9) ein Satz Geräuschpegel; (10) eine zufällige Ansammlung von Dialogaufzeichnungen (Videotape): das Personal einer Unfallstation im Gespräch mit Ballistik-Experten.

Das Spiel mit dem Tod, b) Vietnam. Claire Austin verschränkte die Arme und lehnte sich nachlässig an die Verkleidung der Zentralheizung. Dr. Nathan wies mit einer Handbewegung auf die Filmberichte von Kampfhandlungen, die jetzt auf dem Bildschirm zu sehen waren. »Jede menschliche Tragödie – Vietnam etwa – kann als Ausweitung einer Versuchsanordnung gesehen werden, in der sich eine geistige Krise bereits in den verschobenen Proportionen eines fehlerhaft konstruierten Treppenhauses oder in der geröteten Haut über einem gebrochenen Mittelarmknochen manifestiert; Bruchstellen also, die in unserem perzeptiven Verhältnis zu Umgebung und Bewusstsein auftreten. In der Art, wie der Vietnamkrieg im Fernsehen und in den Illustrierten erscheint, offenbart er eine latente Bedeutung, die weit über seine sichtbaren Inhalte hinausgeht. Anstatt uns abzustoßen, appelliert er vielmehr mit der Vielschichtigkeit seiner perversen Akte direkt an unser intellektuell überhöhtes Lustempfinden. Wir müssen uns vor Augen halten – so schwer uns dieses Eingeständnis auch fallen mag –, dass die Psychopathologie nicht länger ein eng umgrenztes Reservat für degenerierte und abnormal veranlagte Subjekte ist. Kongo, Vietnam, Biafra – das sind Spiele, die heute jeder für sich spielen kann. Die Gewalt, die sich darin manifestiert – wie überhaupt jede Form von Gewalt – reflektiert das heute allgemein verbreitete, sachliche Interesse an der Erschließung von neuen Bereichen des Lustempfindens – auch, und gerade, jenseits der Ebene des Geschlechtlichen – und ist ein Ausdruck der Erkenntnis, dass das Gebiet der Perversionen dabei gerade deshalb so ergiebig ist, weil es einen leicht zugänglichen Katalog neuer technischer Möglichkeiten enthält. Wozu das alles am Ende führen wird, kann vorerst nur geahnt werden – warum, um nur ein Beispiel zu nennen, sollten wir uns nicht dazu entschließen, mit unseren Kindern alle Arten von obszönen Handlungen durchzuspielen? Wenn es so ist, dass sich unsere zwischenmenschlichen Beziehungen heute nur noch durch dieses neue Alphabet der Gefühle und der Gewalt herstellen lassen: Sollte man dann nicht den gewaltsamen Tod eines Kindes – oder, im größeren Rahmen, den Krieg in Vietnam – als einen Beitrag zur allgemeinen Wohlfahrt ansehen?« Dr. Nathan machte eine Pause, um sich eine Zigarette anzuzünden. »Sex bleibt natürlich weiterhin die Basis unserer gemeinsamen Interessen. Sie wissen so gut wie ich, dass der Geschlechtsakt heute in allen Fällen als Modell für etwas ganz anderes begriffen wird. Daraus wird sich folgerichtig eine Psychopathologie des Sex entwickeln, d.h. Beziehungen von solch lunarer Abstraktion, dass die Beteiligten nur noch Vektoren in einer Geometrie der verschiedenartigsten Situationen sein werden. Damit würde uns endlich die Möglichkeit gegeben, frei von Hemmungen und Schuldgefühlen das ganze Spektrum der sexuellen Psychopathologie zu erforschen. Travers zum Beispiel hat sich eine ganze Serie neuer sexueller Perversionen geschaffen, die rein konzeptuellen Charakter haben und einen Versuch darstellen, dieses ›Absterben des Affekts‹ zu überwinden. In mancherlei Hinsicht ist er der Erste der neuen Naiven – ein Douanier Rousseau der sexuellen Perversionen. Sehr wahrscheinlich wird unsere bisher praktizierte Art von Perversionen bald hinfällig sein, und sei es nur wegen der Tatsache, dass sie sich mittlerweile so leicht durch ihre genauen Entsprechungen ersetzen lassen: die merkwürdig verwinkelte Konstruktion eines Treppenhauses, die mysteriöse Erotik der Hochstraßen, unsere entstellten Gesten und Körperhaltungen. Entsprechend den Gesetzen der Mode werden einst so populäre Perversionen wie Pädophilie und Sodomie zu belächelten Klischees werden, deren Reizwert kaum größer sein dürfte als der von Gartenzwergen in einer Laubenkolonie.«

Verfolgungsjagd. Wieder donnerte der Helikopter dicht über ihre Köpfe hinweg. Travers und Karen Novotny rannten auf eine Unterführung zu, um sich in Sicherheit zu bringen. Karen stolperte über einen Balken und schlug der Länge nach hin. Als sich Travers über sie beugte, hielt sie ihm mit einer dümmlichen Grimasse ihre aufgeschürfte linke Handfläche entgegen. Travers packte sie am Arm und zerrte sie hinüber zwischen die Pfeiler der Unterführung.

Vor ihnen verliefen die Fußspuren, die Vaughans Tennisschuhe im frischen Zement hinterlassen hatten. Vaughan jagte sie wie die Nemesis eines überbelichteten Albtraums; welche Richtung sie auch einschlugen, er tauchte immer irgendwo vor ihnen auf. Travers hielt an und stieß Karen zu Boden. Der Helikopter gab die Verfolgung nicht auf; er flog unter der Decke der Unterführung ein, seine Rotoren berührten fast die Betonpfeiler. Unter seiner Plexiglaskuppel erkannte Travers die vornübergebeugte Gestalt von Koester, der zwischen Pilot und Kameramann eingezwängt saß.

Che als vorpubertäre Figur. *Unbeholfen stand Travers vor den Studenten, die sich zu dem Experiment gemeldet hatten. Mit einiger Überwindung begann er: »Der imaginäre Sextod Che Guevaras … über Guevaras sexuelles Verhalten ist sehr wenig bekannt. Psychotische Patienten und Testgruppen von Hausfrauen und Tankstellenpersonal wurden aufgefordert, sechs alternative Sextode zu konzipieren. Es ergab sich, dass alle sechs Varianten im Rahmen irgendeiner Perversion konzipiert wurden – zum Beispiel: Misshandlung von Geiseln oder Insassen eines Konzentrationslagers, tödliche Autounfälle, zwanghafte geometrische Dimensionen von Wänden und Decken. Verschiedentlich wurde auch der Vorschlag gemacht, Che als vorpubertäre Figur zu betrachten. Patienten wurden aufgefordert, sich mit einem imaginären Notzuchtsverbrechen in Che Guevaras Kindheit zu beschäftigen…« Travers unterbrach sich. Er hatte den jungen Mann erkannt, der in der hinteren Reihe saß. Das mit Vaughan konnte nicht mehr lange so weitergehen. Jede Nacht erschien ihm Karen Novotny in seinen Träumen und zeigte ihm ihre Wunden.*

»**Woran denkst du?**« Travers ging am Seitengeländer der Brücke entlang. Auf der anderen Seite fiel die Straße ab und verlor sich im

Dunst. Karen Novotny ging ein paar Schritte hinter ihm und zupfte sich geistesabwesend die Grashalme von ihrem Rock. »An einen erotischen Film – von ganz spezieller Art.« Irgendwo in den Randzonen seines Bewusstseins kreiste ein Helikopter, ein Vektor in einem Spiel der Gewalt und des Verlangens. Er überflog die Einzelheiten der Landschaft: die gekrümmten Perspektiven der betonierten Fahrbahnen, die Symmetrien der Kotflügel, die Konturen von Karens Hüften und ihr ungewisses Lächeln. Welche neue Algebra würde diesen Elementen einen Sinn geben? Als sich der Dunst auflöste, erkannte er in einiger Entfernung die Silhouette der Hochgarage. Eine vertraute Gestalt in zerschlissener Fliegerjacke sah vom Dach aus auf ihn herunter. Travers ließ Karen vorbeigehen. Während sie vor ihm am Straßenrand entlangging, wurde er sich plötzlich einer erotischen Verbindung bewusst: Vaughan, die geneigten Ebenen der Wagendecks und Karens Körper bildeten ein Modul. Die Hochgarage war ganz eindeutig ein Modell für Karens Vergewaltigung.

Treblinka. Ein Wagen näherte sich mit hoher Geschwindigkeit. Zementstaub wirbelte auf, als der Fahrer scharf abbremste. Travers ergriff Karens Arm und zeigte zur Auffahrtrampe hinüber. »Geh rauf auf das Dach. Ich komme später nach.« Als sie sich in Bewegung setzte, rannte er hinaus auf die Straße und gab dem Fahrer ein Zeichen. Durch die Windschutzscheibe sah er, wie Claire Austin das Steuerrad umklammerte, sodass ihre Knöchel weiß hervortraten. Neben ihr saß Dr. Nathan, der sich jetzt wegen des neu einsetzenden Motorenlärms des Helikopters die Ohren zuhielt. Während Claire Austin wendete und wieder auf der Straße zurückfuhr, ging Travers in die Hochgarage zurück. Er blieb eine Weile vor dem Aufzug stehen, dann drückte er auf den Knopf.

Der Film von ihrem Tod. Als der Fahrstuhl das Dach erreicht hatte, stieß Dr. Nathan die metallene Tür auf. Bevor er in die Sonnenhitze hinaustrat, bückte er sich und rieb seinen verletzten Fußknöchel. Vaughan war auf das Dach hinausgerannt wie ein mordgieriges Tier, das sich gerade aus einer Falle befreit hatte. Das Motorengeräusch des Helikopters klang jetzt unregelmäßig. Als er aus dem Fahrstuhl hinaustrat, erfasste ihn der Luftdruck und er blieb schwankend stehen. Die Maschine stieg gerade senkrecht empor. Die Kamera war auf die bewegungslose Gestalt einer jungen Frau gerichtet, die in der Mitte der asphaltierten Fläche lag. Die weißen Markierungen der Parkplätze bildeten eine komplexe diagonale Struktur um sie herum. Dr. Nathan fuhr sich mit der Hand an die Kehle und starrte die Leiche an. Er wandte sich um und sah hinter sich. Travers stand am Fahrstuhl und betrachtete nachdenklich den Körper der jungen Frau, der wie ein Stück angeschwemmtes Strandgut aussah. Er nickte Dr. Nathan zu und betrat den Fahrstuhl.

Letzten Sommer. Für Travers waren diese Nachmittage, die er in dem leeren Kinosaal zubrachte, Perioden der Ruhe, in denen er Gelegenheit fand, die Ereignisse zu überdenken, die ihn schließlich zur Hochgarage geführt hatten. Vor allem erinnerten ihn diese Bilder von Koesters Film an seine merkwürdig zärtlichen Gefühle für die junge Frau, die ihm erst nach so vielen Enttäuschungen in diesem dunklen Raum bewusst geworden waren. Wenn der Film zu Ende war, würde er hinausgehen auf die belebten Straßen, in deren Verkehrslärm eine nie nachlassende erotische Stimmung mitzuschwingen schien.

9

Du und Ich und das Kontinuum

Am Karfreitag des Jahres 197... versuchte ein unbekannter Täter in das Grabmal des Unbekannten Soldaten einzubrechen, eine Tat, hinter der man zuerst einen kriminellen Psychopathen vermutete; spätere Untersuchungen verwiesen jedoch auf eine ganz andere Täterpersönlichkeit. Die Leser werden sich erinnern, dass man im Lauf der Untersuchung auf die mysteriöse Leiche eines Air-Force-Piloten stieß, die drei Monate später in der Nähe von Dieppe an Land gespült wurde. Im Zusammenhang damit wurde an höchst unerwarteten Stellen eine Reihe weiterer Spuren gefunden: in einer Fußnote zu einem Aufsatz über ungewöhnliche Erscheinungsformen der Schizophrenie, der vor 30 Jahren in einer Zeitschrift für Psychiatrie erschienen war, die seither ihr Erscheinen eingestellt hat; in der Vorschau zu einem später nicht angekauften TV-Thriller mit dem Titel »Leutnant 70«; und auf den Plattenetiketten eines Popsängers, der sich »The Him« nannte – um nur einige wenige zu nennen. Ob dieser Tote in Wirklichkeit ein zurückkehrender Astronaut war, der an Amnesie litt, oder die Erfindung einer schlecht organisierten Werbekampagne, oder – wie einige meinten – der Messias, blieb ungeklärt. Das wenige Beweismaterial, das verfügbar ist, wird hier noch einmal zusammengestellt.

Ambivalenz. Sie lag bewegungslos auf der Seite und hörte auf die letzten Takte des Scherzos. Seine Hand zögerte an ihrem Reißverschluss. Dieser seltsame Mann mit seiner eigenartigen Vorliebe für Bruckner, Nukleinsäuren, Minkowski-Räume und weiß der Teufel was. Seit sie ihn bei der Konferenz über Raumfahrtmedizin aufgegabelt hatte, war kaum ein Wort zwischen ihnen gefallen. War er überhaupt ganz da? Manchmal hatte es den Anschein, als versuche er, sich aus den Elementen eines bizarren Puzzlespiels zusammenzusetzen. Sie drehte sich auf den Rücken, für einen Augenblick überrascht vom Anblick seiner dunklen Sonnenbrille, hinter der seine Augen wie sterbende Sterne aufflackerten.

Brachycephalus. Sie hielten am Fuß des Radioteleskops. Als sich die riesige metallene Antennenschale in Bewegung setzte und den Himmel abzusuchen begann, legte er seine Hände auf den Kopf und betastete die frisch genähten Platzwunden. Neben ihm zeigte Quinton, sein pomadiger Judas, auf ein Gebüsch in der Ferne, hinter dem drei Limousinen warteten. »Wenn du willst, kann ich dir hundert Wagen besorgen, eine komplette Wagenkolonne.« Ohne auf Quintons Bemerkung einzugehen, holte er ein Stück Quarz aus seiner Fliegerjacke und legte es auf den Boden. Schwach erklang die Code-Musik der Quasare.

Code des Schlafs. Dr. Nathan blickte von seiner Arbeit auf, als die junge Frau im weißen Arztkittel das Labor betrat. »Ah, Dr. Austin.« Er zeigte mit seiner Zigarette auf die Zeitschrift, die auf seinem Schreibtisch lag. »Dieser Artikel hier – ›Coded Sleep and Intertime‹ – sie suchen den Autor… es scheint sich um jemand an unserem Institut zu handeln. Die Herausgeber glaubten zunächst an einen schlechten Scherz. Ich habe sie vom Gegenteil überzeugt. Übrigens, was macht unser Patient?« »Er schläft.« Sie zögerte kurz. »In meinem Appartement.« »So.« Bevor sie ging, sagte Dr. Nathan. »Stellen Sie seine Blutgruppe fest. Das könnte sich später als nützlich erweisen.«

Distributionssystem. Kürzlich abgeschlossene Untersuchungen, sagte der Referent, scheinen zu bestätigen, dass man von der Erde aus schon vor 2000 Jahren die Landung von Raumschiffen beobachtet hat. Was jene Geschichte im Neuen Testament angeht, so gilt es längst als erwiesen, dass diese ungewöhnliche Formulierung (Matth. XXI) im Zusammenhang mit dem Einzug nach Jerusalem – »auf einer Eselin und dem Füllen einer Eselin« – eine recht unintelligente Lesart einer tautologischen Redewendung des Hebräischen darstellt, nichts als verbales Geplänkel. »Was ist Raum?«, fragte der Referent abschließend. »Was bedeutet er für unser Zeitgefühl und für das Bild, das wir uns von unserem zeitlich begrenzten Leben machen? Sind Raumschiffe nichts als eine Weiterentwicklung der V2 oder sind sie männliche Symbole der Erlösung, Zeichen eines futuristischen Mythos?« Während der Applaus in dem nur zur Hälfte besetzten Auditorium widerhallte, sah Karen Novotny, wie seine Hände den Spiegel umklammerten, den er auf dem Schoß hielt. Die ganze Woche lang hatte er nun schon diese Spiegel in das leerstehende Haus bei den Reservoirs gebracht.

Export-Kredit-Garantien. »Schließlich verlangt Madame Nhu 1000 Dollar für ein Interview. In diesem Fall können wir auf 5000 bestehen und werden sie auch kriegen. Verdammt noch mal, schließlich präsentieren wir hier den leibhaftigen Mister X…« Das Interesse erlahmt. Auch eine Fotoausstellung von Gräueltaten erregt nur noch ein müdes Blinzeln. Inzwischen dringt das schwache Glimmen der Quasare aus den dunklen Tiefen des Universums. Er steht auf der anderen Seite des Raumes, gegenüber von Elizabeth Austin, die ihn unauffällig beobachtet. Er hört, wie man ihn mit »Paul« anredet, und er hat das Gefühl, als warte er auf eine geheime Botschaft aus dem Hauptquartier der Résistance im Dritten Weltkrieg.

Fünfhundert Fuß hoch. Die Madonnen bewegen sich wie riesige Wolken über London. Ihre Gesichter, im Stil Mantegnas gemalt, blicken hinunter auf die neugierige Menge, die sich in den Straßen angesammelt hat. Mehrere hundert schweben über die Stadt und verschwinden im Dunst über dem Queen Mary Reservoir bei Staines. Irgendein findiger Entrepreneur hat diese Tour de Force veranstaltet. In Fachkreisen wird überall davon gesprochen, dass er den Werbeetat des Vatikans übernommen hat. Am Institut versucht Dr. Nathan, einen Bogen um die Spätrenaissance zu machen. »Manierismus langweilt mich. Was immer geschehen mag«, sagt er vertraulich zu Elizabeth Austin, »wir müssen ihn von Dalí und Ernst fernhalten.«

Gioconda. Während die Dias durch den Projektor klickten, erschienen nacheinander Porträtaufnahmen mehrerer Frauen im Profil und en face auf der Leinwand. »Ein Charakteristikum der geisteskranken Kriminellen«, sagte Dr. Nathan, »ist die blasse Hautfarbe und die Starrheit der Gesichtszüge.« Plötzlich wurde es im Auditorium totenstill. Eine außergewöhnliche Frau war jetzt auf der Leinwand zu sehen. Die Ebenen ihrer Gesichtszüge schienen in Richtung auf einen unsichtbaren Brennpunkt zu verlaufen, und das Bild, das sich darin andeutete, haftete für Augenblicke an den Wänden, als befänden sich diese im Inneren ihres Schädels. »Diese hier?«, fragte Dr. Nathan ruhig. »Ihre Mutter? Ich verstehe.«

Helikopter. Während sie sich der Stadt näherten, flog der Sikorski 50 Fuß über ihnen und wirbelte riesige Staubfahnen zwischen den Bäumen entlang der Straße auf. Quinton saß weit zurückgelehnt am Steuer und gab dem Hubschrauberpiloten hin und wieder unverständliche Zeichen. Zu Travers gewandt schrie er über dem Lärm des Autoradios: »Enormer Beat, was? Bist das auch du? Na, was willst du noch mehr!« »Spiegel, Sand und einen Zeitbunker.«

Imago-Tonbänder.
Tanguy: »Jour de lenteur.«
Ernst: »Das Ankleiden der Braut.«
Chirico: »Der Traum des Dichters.«

Jackie Kennedy, ich sehe dich in meinen Träumen. In den Nächten hing das ernste Gesicht der Präsidentenwitwe wie ein Leuchtsignal in den Korridoren seines Schlafs. Mit einer warnenden Gebärde schien sie all die Legionen der Trauernden an ihre Seite zu rufen. Am Morgen kniete er in dem grauen Hotelzimmer auf dem Boden, über Exemplare von *Newsweek* und *Paris Match* gebeugt. Als Karen Novotny hereinkam, ließ er sich ihre Nagelschere geben und begann, die Fotos der Mannequins auszuschneiden. »Ich habe geträumt, dass ich sie alle an einem Strand liegen sah. Ihre Beine waren abgestorben und verwesten. Sie strahlten ein grünliches Licht aus.«

Kodak. Captain Kirby, M 15, betrachtete die Prints, die ihm Dr. Nathan vorlegte: (1) ein untersetzter Mann, der eine Air-Force-Uniformjacke trug; sein Gesicht war halb verdeckt unter dem zerbeulten Schirm seiner Mütze; (2) ein Querschnitt durch die Wirbelsäule auf der Ebene T-12; (3) ein mit Bleistift gezeichnetes Selbstporträt von David Feary, einem 7-jährigen schizophrenen Patienten der Belmont Heilanstalt in Sutton; (4) Radiospektren des Quasars CTA 102; (5) anteroposteriores Radiogramm eines Schädels mit einem geschätzten Volumen von 1.500 cm^3; (6) Spektroheliogramm der Sonne, erstellt mit der K-Linie des Elements Kalzium; (7) Abdrücke einer rechten und einer linken Hand mit einer starken Missbildung zwischen dem zweiten und dritten Handwurzelknochen. Zu Dr. Nathan gewandt sagte er: »Und das alles sollen Teile *eines* Bildes sein?«

Leutnant 70. Ein Zwischenfall auf dem Stützpunkt der Strategischen Bomberflotte in Omaha, Nebraska: Am 25. Dezember 197… landete ein Bomber mit einem überzähligen Piloten an Bord. Die betreffende Person trug keine Erkennungsmarke und litt offensichtlich an schwerer retrograder Amnesie. Während einer Röntgenuntersuchung auf Transistoren oder sonstige biotechnische Einpflanzungen verschwand der Mann spurlos. Er ließ einen Satz Röntgenaufnahmen zurück, die allem Anschein nach mindestens 30 Jahre zuvor gemacht worden waren und einen menschlichen Fötus zeigten. Man nahm an, dass es sich dabei offensichtlich um einen üblen Scherz handelte und dass die Person möglicherweise ein jüngerer Offizier war, der bei den Weihnachtsfeiern der umliegenden Standorte als Santa Claus fungieren sollte und die Sache plötzlich leid geworden war.

Minkowski Space-Time. Dr. Nathan kam zu der Überzeugung, dass das Versagen wenigstens zum Teil auf eine Verwechslung von mathematischen Modellen zurückzuführen war. Während er in dem abgedunkelten Laboratorium hinter seinem Schreibtisch saß und langsam an seiner Zigarette zog, betrachtete er die schattenhafte Gestalt eines Mannes, der ihm im trüb schimmernden Licht der Aquarien gegenübersaß. Hin und wieder hatte es den Anschein, als fehle ein Stück von seinem Kopf, wie bei einer der albtraumhaften Figuren in den Gemälden von Francis Bacon. Die Daten, die er bisher zusammengetragen hatte, waren ein Widerspruch in sich: die Mutter eine 65-jährige, unheilbar geisteskranke Patientin in Broadmoor; der Vater ein noch ungeborenes Kind in einem Entbindungsheim in Dallas. An verschiedenen mehr oder weniger unwahrscheinlichen Stellen kamen weitere Hinweise zum Vorschein: in einem Lehrbuch der chemischen Kinetik, in Werbebroschüren, in einem Werbespot für einen TV-Thriller. In welches

System ließen sich all diese Fragmente integrieren: Computercode, Origami, Zahnschemata? Vielleicht würde am Ende Fellini eine Sexfantasie daraus machen: Fellini 1½.

Autoerotik. Vielerlei Dinge beschäftigten ihn in diesen Tagen, die er am Strand zubrachte: die plastische Greifbarkeit optischer Formen, das Labyrinth der Bilder, das katatonische Plateau, die Notwendigkeit einer Neubestimmung des C.N.S., pränatale Ansprüche, das Absurde – d.h. die Phänomenologie des Universums… Die Badegäste indessen sahen an diesem Strand-Hamlet lediglich die hässlichen Narben, die seine Brust, seine Hände und Beine entstellten.

Ontologie. In Zeitlupe sah man, wie sich die Testwagen auf der Kollisionsstrecke aufeinander zubewegten. Im Augenblick des Zusammenstoßes erhoben sich die abgerissenen Kotflügel und Kühlerhauben mit weichen, tänzerischen Bewegungen in die Luft. Die Wagen schwankten leicht hin und her und gruben sich ineinander wie spielende Walfische; dann barsten sie nach allen Seiten auseinander. Die Kunststoffpuppen in den Fahrersitzen verschmolzen in anmutigen Bewegungen mit den berstenden Wagendächern und Windschutzscheiben. Hinter den Wracks wirbelten abgetrennte Arme und Beine durch die Luft.

Plazenta. Die Röntgenaufnahmen des Fötus zeigten, dass sowohl Plazenta wie Nabelschnur fehlten. Dr. Nathan blickte nachdenklich auf. War dies also der wahre Inhalt des Begriffs »unbefleckte Empfängnis« – war also nicht die Mutter, sondern das Kind im Zustand der Unschuld, genährt von den unsichtbaren Kräften des Universums, während es in seinem Amnion heranreifte? Aber wie war es zu diesem Fehler gekommen? Alles deutete darauf hin, dass unbekannte Einflüsse die Entwicklung gestört hatten.

Quasare. Malcolm X, erregend wie das Zittern der Hände bei Tabes Dorsalis; Claude Eatherly, nomadischer Engel des Pre-Third; Lee Harvey Oswald, Reiter des Skorpions.

Refugium. Er packte das Brecheisen mit seinen wunden Händen und bearbeitete den Deckel des Sarkophags. Im grauen Halbdunkel der Abtei erschienen die wegfliegenden Steinsplitter wie Kraftlinien, die sein Körper abstrahlte. Die schimmernden Kristalle erinnerten ihn an das Aufblitzen der Füllungen in Karen Novotnys Mund.

Schnelligkeitsrekord. Die höchste Geschwindigkeit, die jemals von einem Landfahrzeug erreicht wurde, lag bei 1004,247 Meilen pro Stunde und wurde am 5. März 197… auf dem Salzsee von Bonneville erzielt. Das Fahrzeug war gut 8 Meter lang und wurde angetrieben von drei J-97 Strahltriebwerken, die zusammen 51.000 PS entwickelten. Der Turbinenwagen explodierte am Ende des zweiten Durchlaufs. Bei dem Fahrer, von dem sich keine Spur fand, soll es sich um einen ehemaligen Air-Force-Piloten gehandelt haben.

The Him. Der Lärm einer Beat-Band, die im Savoy Ballroom probte, drang heraus ins Foyer, in dessen goldgerahmten Spiegeln er verschwommene Anzeichen von Gleichungen erkannte. Waren es Fragmente einer Feldtheorie, das Tetragrammaton, oder die Einstellungen eines Werbespots für ein Okklusivpessar? Er betrat den Saal, bahnte sich einen Weg durch die tanzenden Teenager und kletterte auf die Bühne. Als er dem Leadsänger das Mikrofon aus der Hand riss, schrie eins der Mädchen begeistert auf. Er knickte in den Knien ein und begann mit den Hüften zu kreisen. »Ye… yeah, yeah, yeah!« Allmählich drang seine Stimme durch den Lärm der verstärkten Gitarren.

UHF. »Seit drei Wochen beobachten wir in weiten Teilen des Landes merkwürdige Störungen im Fernsehprogramm«, erklärte Kirby und zeigte auf eine Karte. »Und zwar bestehen diese Störungen in unerklärlichen Abänderungen im Ablauf und in den Dialogsequenzen bei einer Reihe populärer Familiensendungen. Es ist bisher nicht gelungen, mit Hilfe von Peilwagen die Quelle dieser Störungen zu lokalisieren. Es besteht jedoch Grund zu der Annahme, dass sein zentrales Nervensystem wie ein enorm leistungsstarker Sender funktioniert.«

Vega. Im Wasser der Reservoirs spiegelten sich die Sterne. Als Karen Novotny auf ihn zuging, wirbelte ein Windstoß ihren Rock auf. »Wann sehen wir dich wieder? Dieses Mal ist es … « Er blickte hinauf in den nächtlichen Himmel; dann zeigte er auf den blauen Stern, der im Apex der Sonne stand. »Dorthin bewegen wir uns. Wann? Lies im Sand; dann wirst du wissen, wann es so weit ist.«

W.A.S.P. Zweifellos sind nach jener Inkarnation infolge der damals getroffenen Auswahl rassischer Merkmale gewisse Schwierigkeiten aufgetreten. Natürlich könnte man die unglückseligen Ereignisse unseres Jahrhunderts auch so sehen, dass sie tänzerische Variationen über das Thema »Kohlenwasserstoffsynthese« mit starker Zuschauerbeteiligung darstellen. Diesmal jedoch werden ethnische Gesichtspunkte keine Rolle spielen, und das Bedürfnis nach sozialer Mobilität und einem möglichst weitgehend akzeptablen Persönlichkeitsbild lässt es angezeigt erscheinen, dass man eine Person mit nichtjüdischer und vorzugsweise protestantischer und angelsächsischer …

Xoanon. Man fand diese kleinen Puzzle-Elemente aus Plastik, die wie die Werbebeigaben einer Waschmittelfirma aussahen, über ein weites Gebiet verstreut, als seien sie vom Himmel gefallen. Aus einem unerfindlichen Grund waren Millionen davon produziert worden. Später stellte sich heraus, dass sie sich zu ungewöhnlichen Gegenständen zusammensetzen ließen.

Das Treffen von Ypern. Kirby watete durch das seichte Wasser. Vor ihm ging der hochgewachsene Mann mit der schräg sitzenden Mütze und der Lederjacke langsam durch die anrollenden Wellen auf die Sandbank zu, die 200 Schritte vor ihnen lag. Spuren dieses sterbenden Mannes trieben bereits im Wasser an Kirby vorbei. War dies nun der Zeit-Mensch, oder lagen seine sterblichen Reste in Wirklichkeit in jenem Sarkophag in der Abtei? Er war hier hergekommen mit den Gaben der Sonne und Quasare, und nun hatte er sie diesem unbekannten Soldaten geopfert, der auferstanden war, um zu diesen flandrischen Schlachtfeldern zurückzukehren.

Zodiak. Unbeirrt zogen die Sterne ihre Bahn. Die Geister von Malcolm X, Lee Harvey Oswald und Claude Eatherly irrten am Rand der Galaxis umher. Er spürte, dass ihm seine Identität für immer entglitten war; ihre letzten Fragmente verglommen über der dunkler werdenden Landschaft – verlorene Ziffern in hundert Computercodes, Sandkörner an tausend Stränden, Füllungen in Millionen Mündern.

10

Plan für ein Attentat auf Jacqueline Kennedy

In all seinen Träumen, die mit dem Bild 235 des Zapruder-Films zu tun hatten,

Filmstudien von vier weiblichen Personen, die weltweite Berühmtheit erlangt haben (Brigitte Bardot, Jacqueline Kennedy, Madame Chiang Kai-shek, Prinzessin Margaret) zeigen Gemeinsamkeiten in Körperhaltung, Gesichtstonus, Pupillen- und Atemreaktionen. Anhand der verschiedenen Beinstellungen wurde das Ausmaß der sexuellen Erregung bestimmt. Der intrapatellare Abstand (Schätzwerte) schwankte zwischen einem Maximum von 24,9 cm (Jacqueline Kennedy) und einem Minimum von 2,2 cm (Madame Chiang). Infrarotstudien zeigen eine deutliche Hitzeemission der Achselhöhlen entsprechend der jeweiligen psychomotorischen Akzeleration.

beschäftigte Tallis immer stärker

Das Attentat in der Sicht von Geisteskranken mit Tabes Dorsalis (Rückenmarksschwindsucht). Der entscheidende Punkt bei diesen Versuchen war die Auswahl des Opfers. Tatmotiv und das Problem der Verantwortung für die Tat wurden im Fragebogen nicht berücksichtigt. Die Auswahl der Patienten wurde mit Absicht auf weibliche Opfer eingeschränkt. Ergebnis einer Befragung von 272 Patienten: Jacqueline Kennedy 62%, Madame Chiang 14%, Jeanne Moreau 13%, Prinzessin Margaret 11%. Aufgrund dieses Ergebnisses wurde eine Fotomontage des »optimalen« Opfers angefertigt. (Linke Augenhöhle und Jochbein von Mrs. Kennedy, nasales Septum von Miss Moreau, usw.) Daraufhin wurde die Montage geistesgestörten Kindern gezeigt. Die Resultate waren positiv. Die Auswahl der Tatorte reichte von Dealey Plaza (40%) bis Isle du Levant (2%). Die bevorzugte Waffe war das Mannlicher-Carcano-Gewehr. Als ideales Zielobjekt wurde von der überwiegenden Mehrheit eine Autokolonne gewählt; dabei entfielen die meisten Stimmen auf das Modell Lincoln Continental. Auf der Grundlage dieser Untersuchungen wurde das Modell eines idealen Attentatskomplexes erstellt. Schleierhaft blieb die Rolle von Madame Chiang bei den Ereignissen von Dealey Plaza.

die Gestalt der Präsidentenwitwe.

Unfreiwilliger Orgasmus beim Autoreinigen. Untersuchungen haben ergeben, dass es beim Autoreinigen immer häufiger zu einer sexuellen Klimax kommt. In vielen Fällen war sich der Mann des Samenergusses überhaupt nicht bewusst und beklagte gegenüber seiner Gattin das ruinöse Verhalten der Vögel. Ein Einzelfall, der einer psychiatrischen Beratungsstelle für entlassene Patienten bekannt wurde, gipfelte erwiesenermaßen in der ersten geschlechtlichen Vereinigung mit einem Auspuffrohr. Man nimmt an, dass es eine bewusst vorgenommene Handlung war. In Beratungen mit den Automobilherstellern kam man überein, das Design der Wagenhecks zu modifizieren, um diese erogenen Zonen zu neutralisieren und sie nach Möglichkeit an sozialpsychologisch vertretbarere Stellen im Wageninneren zu verlegen. Die Lenkradsäule wurde als geeigneter Stimulus der sexuellen Erregung ausgewählt.

Die Ebenen ihrer Gesichtszüge und die

Das Erregungspotential der Karosseriedesigns wird von der Automobilindustrie seit mehreren Jahrzehnten untersucht. Bemerkenswert ist jedoch, dass bei dem vorliegenden Ergebnis einer Befragung von 152 Personen (die alle mehr als drei unfreiwillige Orgasmen mit ihren Wagen erlebt haben) die folgenden drei Modelle eindeutig bevorzugt wurden: (1) Buick Riviera, (2) Chrysler Imperial, (3) Chevrolet Impala. Immerhin haben sich zwei der Befragten überraschend für den Lincoln Continental entschieden, und zwar vorzugsweise für die vom Präsidenten benutzte Sonderausführung. (Vgl. Theorien über eine mutmaßliche Verschwörung.) Beide Personen hatten diese Sonderausführung des Modells erworben und berichteten von ausgedehnten erotischen Fantasien, die sich vor allem an der Form und Verarbeitung des mittleren Wagenteils entzündeten. Sie bevorzugten eine geneigte Stellung des Fahrzeugs (z.B. auf einer abschüssigen Rampe).

endlose Wagenkolonne

Kinofilme als Gruppentherapie. Patienten erhielten die Möglichkeit, Filme zu produzieren; Themenwahl, Besetzung, Stil usw. waren ihnen völlig freigestellt. Es ergab sich, dass in allen Fällen rein pornographische Filme gemacht wurden. Zwei dieser Filme wurden näher analysiert: (1) Eine Montage aus Gesichtspartien von a) Madame Ky, b) Jeanne Moreau, c) Jacqueline Kennedy (im Flugzeug neben Johnson, während er den Eid auf die Verfassung leistete). Stroboskopische Lichteffekte lösten bei den Zuschauern psychosomatische Störungen aus und führten zu aggressiven Ausfällen gegen die lebensgroßen Standaufnahmen der drei Bezugspersonen an den Wänden des Auditoriums. (2) Ein Film über Autounfälle (eine Art Filmversion von Naders Buch *Unsafe at any Speed*). Es stellte sich heraus, dass die Zeitlupenaufnahmen des

Films eine stark sedierende Wirkung hatten, d.h. zu einer Senkung des Blutdrucks und Regulierung der Puls- und Atemtätigkeit führten. Die Patienten assoziierten mit großer Leichtigkeit hypnagogische Bilder. Darüber hinaus hatte der Film auch eine stark erotische Ausstrahlung.

vermittelten ihm die lähmende Stille von Dealey Plaza,

Mundpartien. In einem ersten Test wurden Aufnahmen von den Gesichtern Madame Chiangs, Elizabeth Taylors und Jacqueline Kennedys benutzt, die in sich unvollständig waren. Die Patienten wurden aufgefordert, die fehlenden Teile zu ersetzen. Aggressionen, sexuelle Phantasien und Ängste richteten sich vor allem gegen die Mundpartien. In einem weiteren Test wurden die originalen Mundpartien wieder eingesetzt und alle übrigen Gesichtsteile entfernt. Es ergab sich, dass die Mundpartien von Madame Chiang und Jacqueline Kennedy eine ausgesprochen hypotensive Wirkung zeigten. Daraufhin wurde ein optimales Mund-Image von Madame Chiang und Mrs. Kennedy erstellt.

die Geometrie eines Mordes.

Sexuelles Verhalten der Augenzeugen von Dealey Plaza. Detaillierte Verhaltensstudien der 552 Personen, die am 22. November Augenzeugen der Ereignisse von Dealey Plaza waren, ergaben eine deutliche Zunahme a) der geschlechtlichen Aktivität, b) der Fälle, in denen polyperverses Verhalten registriert wurde. Diese Ergebnisse stimmen überein mit dem Resultat früherer Untersuchungen, in denen es um das sexuelle Verhalten von Augenzeugen bei Verkehrsunfällen (mit mindestens einem Todesopfer) ging. Das korrespondierende Verhalten der beiden Gruppen lässt darauf schließen, dass die Mehrheit der Augenzeugen die Ereignisse von Dealey Plaza unbewusst als eine massive Kombination von Gruppensex und Autounfall empfanden, die zu einer spontanen Freisetzung von aggressiven und polymorph perversen Antrieben führte. Die Rolle, die Mrs. Kennedy mit ihrem blutbefleckten Kleid dabei spielte, bedarf keiner weiteren Analyse.

11

Liebe & Napalm: Export USA

Bei Nacht verschmolzen diese Visionen der Helikopter und der entmilitarisierten Zone

Die sexuell stimulierende Wirkung von Foltersequenzen. Untersucht wurden die Folgen einer länger anhaltenden Konfrontierung mit Fernsehreportagen über die Folterung gefangener Vietkong, eingeteilt nach folgenden Kategorien: a) männliche Kombattanten, b) weibliches Personal, c) Kinder, d) Verwundete. In allen Fällen ergab sich eine deutliche Intensivierung der sexuellen Aktivität mit Schwerpunkt auf perversen oralen und anogenitalen Formen. Ein Maximum an sexueller Erregung wurde erzielt durch eine Kombination von Folter- und Hinrichtungssequenzen. Verschiedene Filmberichte wurden zu einer Montage vereinigt, in der führende Persönlichkeiten des Vietnamkonflikts (Präsident Johnson, General Westmoreland, Marschall Ky usw.) sowohl in der Rolle von Kombattanten als auch von Kriegsopfern erschienen. Anhand der Präferenzen, die eine repräsentative Umfrage unter Fernsehzuschauern ergab, wurde eine optimale Folter- und Hinrichtungssequenz erstellt, die sich im Wesentlichen auf drei Personen konzentrierte: Gouverneur Reagan, Madame Ky und ein etwa 8-jähriges vietnamesisches Mädchen, das durch Napalmverbrennungen bis zur Unkenntlichkeit entstellt war. Das jugendliche Kriegsopfer stimulierte vor allem pädophile Phantasien von ausgeprägt sadistischem Charakter, z.B. wiederholtes gewaltsames Eindringen in perineale Wunden (Damm, Schambein). Bei Personen, die dem Film über einen längeren Zeitraum hinweg ausgesetzt waren, wurden eindeutig positive Auswirkungen auf dem psychomotorischen Sektor festgestellt. Der Film wurde daraufhin geistig zurückgebliebenen Kindern und Krebspatienten im Endstadium vorgeführt, in beiden Fällen mit erfreulichen Resultaten.

in Travens Vorstellung mit der geisterhaften Erscheinung

Filmberichte von Kampfhandlungen und ihre Wirkung auf Geistesgestörte. Endlosschleifen aus Filmberichten von Kampfhandlungen in Vietnam wurden zwei ausgewählten Personenkreisen vorgeführt: a) einer Kommission, die mit der Analyse von Zuschauerreaktionen beauftragt war, b) einer Gruppe von psychotischen Patienten (tertiäre Syphilis). Es wurde festgestellt, dass im Gegensatz zu Folter- und Hinrichtungssequenzen die Filmausschnitte von regulären Kampfhandlungen eine deutlich hypotensive Wirkung hatten, d.h. Blutdruck, Puls und Atemtätigkeit auf ein annehmbares Maß reduzierten. Diese Ergebnisse passen zu der geringen dramatischen Ausstrahlung solcher Filmberichte, die infolgedessen auch kein nennenswertes Interesse bei den Zuschauern hervorrufen. Kombiniert man allerdings diese Filmberichte mit Ausschnitten aus Folterszenen, so entsteht ein optimales Environment, das auf Arbeitsleistung, soziale Bindungen und generelle Motivationen einen anhaltend gedeihlichen Einfluss ausübt. Im Hinblick auf die derzeit gegebenen sozialen und wirtschaftlichen Verhältnisse liegt es demnach auf der Hand, dass sich eine Aufrechterhaltung des Vietnamkonflikts empfiehlt. Ersatzkonflikte militärischer oder ziviler Natur – wie z.B. der bevorstehende Bürgerkrieg zwischen der weißen und schwarzen Rasse in den USA – haben bei vorangehenden Tests durchweg enttäuschend abgeschnitten, und die Ergebnisse weisen übereinstimmend darauf hin, dass Kriegen vom Typus Vietnam der Vorzug gegeben wird.

seiner toten Tochter. Ihr Gesicht

Vietnam und die sexuelle Polymorphie der körperlichen Beziehungen. Die Massenmedien – insbesondere das Fernsehen – haben das verstärkte Bedürfnis nach polymorphen Rollen deutlich werden lassen. Die körperliche Vereinigung kann nicht länger als rein persönlicher, isolierter Akt angesehen werden; sie ist vielmehr zu sehen als Vektor in einem öffentlichen Kontext, der Politik/Massenkommunikation/Karosseriedesign usw. einschließt. Der Vietnamkrieg erweist sich als Brennpunkt für ein weites Spektrum polymorpher sexueller Impulse und gibt so den Vereinigten Staaten die Möglichkeit, ein positives psychosexuelles Verhältnis zur Umwelt wiederherzustellen.

hing wie ein Leuchtsignal in den Korridoren seines Schlafs.

In mehreren Tests wurde der Grad der sexuellen Kompatibilität verschiedener nationaler und ethnischer Gruppen bestimmt. Fotomontagen aus Körperteilen verschiedener Personen – z.B. das Gesicht von Madame Chiang, die Pudenda von weiblichen Vietkong-Gefangenen usw. – sollten ein optimales sexuelles Objekt ergeben. In allen Fällen zeigte es sich, dass ein vietnamesischer Partner eindeutig bevorzugt wurde. Testgruppen von Studenten, Hausfrauen aus städtischen Randgebieten und psychotischen Patienten wählten verschiedentlich getarnte Montageelemente, die schmerzverzerrte Gesichter von verwundeten Kindern darstellten. Weitere Untersuchungen sind im Gange. Aus den Ergebnissen soll ein optimales sexuelles Modul erstellt werden, das Massenproduktion, brutale Wochenschauen und politische Leitfiguren einschließt. Die Schlüsselrolle des Vietnamkriegs ist schon zu diesem Zeitpunkt durchgehend zu erkennen.

Mit einer warnenden Gebärde rief sie

Der latent sexuelle Charakter des Krieges. Die Ausweitung und Verlängerung des Konflikts lässt sich weder mit politischen noch mit militärischen Argumenten rechtfertigen. Der Vietnamkrieg ist im Wesentlichen zu sehen als ein begrenzter militärischer Konflikt mit starker Zuschauerbeteiligung via Fernsehen, Presse und Rundfunk und damit als Katalysator für unterschwellige Fantasien brutaler und aggressiver Natur. Testergebnisse bestätigen, dass der Krieg auch auf der Ebene polymorpher sexueller Motivationen eine latente Wirkung ausübt. Endlosschleifen aus Filmberichten über Kampfhandlungen und Folterungen wurden mit Filmmaterial von genitalem, axillärem, bukkalem und analem Charakter kombiniert. Die bei Exekutionen auftretenden fäkalen Ausscheidungen übten besonders auf Hausfrauen in Familien der mittleren Einkommensschicht eine faszinierende Wirkung aus. Es darf angenommen werden, dass regelmäßige Vorführungen solcher Filmmontagen auf die Erziehung zur Stubenreinheit und auf die psychosexuelle Entwicklung der gegenwärtigen Säuglingsgeneration einen positiven Einfluss haben werden.

all die Legionen der Trauernden an ihrer Seite.

Die wirksame Vermittlung des latenten sexuellen Elements in diesem Krieg durch Politiker wie Gouverneur Reagan und Shirley Temple-Black lässt darauf schließen, dass hierin wohl deren primäre Rolle zu sehen sein dürfte. An Fotomontagen lässt sich demonstrieren, dass a) der verstorbene Präsident Kennedy einen genitalen Modus, und b) Gouverneur Reagan und Mrs. Temple-Black einen analen Modus des Krieges vermitteln. In weiteren Tests wurden die latenten sexuellen Fantasien von demonstrierenden Kriegsgegnern untersucht. Dabei zeigte sich, dass die Reaktionen auf Filme von Napalm-Opfern und Gräueltaten südvietnamesischer

Kampfverbände durchwegs hysterischer Natur waren, was zu der Vermutung Anlass gab, dass für die Mehrheit der sogenannten pazifistischen Gruppen das Demonstrieren gegen den Vietnamkrieg lediglich zur Verschleierung unterdrückter sexueller Minderwertigkeitskomplexe von extremer Natur dient.

Am Tage überflogen die B-52

Psychotische Patienten haben bei fortgesetztem Betrachten von Filmberichten aus Vietnam eine merkliche Verbesserung ihres allgemeinen Gesundheitszustandes erfahren sowie eine Steigerung ihrer Fähigkeit, mit Problemen des Alltags fertigzuwerden. Sobald man ihnen jedoch entsprechende Fernsehsendungen nicht mehr zugänglich machte, traten Entzugserscheinungen auf, die zu einer Verschlechterung des Allgemeinbefindens führten. Ähnliche Feststellungen wurden bei einer Testreihe mit Hausfrauen aus städtischen Randgebieten gemacht: während der Neujahrswaffenstillstandsperioden war ein merkliches Absinken des Allgemeinbefindens und der sexuellen Aktivität zu beobachten, das erst wieder durch die Tet-Offensive und den Überfall auf die US-Botschaft in Saigon wettgemacht wurde. Aufgrund dieser Erkenntnisse wurde empfohlen, die Brutalität der Kampfhandlungen und damit die latente Sexualität des Krieges zu forcieren. Angesichts der gegenwärtigen Friedensbestrebungen ließe sich ersatzweise die Ausstrahlung simulierter Brutalitäten in Erwägung ziehen. Es konnte bereits nachgewiesen werden, dass sich gestellte Filmaufnahmen von Exekutionen und Kindesmisshandlungen entschieden positiv auf die Bewusstseinsmechanismen und die verbale Ausdrucksfähigkeit psychotischer Kinder auswirken.

die überfluteten Straßen des Deltas,

Bei Vergleichen zwischen Filmberichten brutaler Natur vom vietnamesischen Kriegsschauplatz und gestellten Aufnahmen aus Auschwitz, Bergen-Belsen und dem Kongo ergab sich, dass der generelle Appeal und die therapeutische Wirkung des Vietnamkriegs eindeutig an erster Stelle stehen. Verschiedene Gruppen von Patienten wurden daraufhin dazu angehalten, Filmmontagen von bukkalen, rektalen und genitalen Verstümmelungen in Kombination mit Aufnahmen von Politikern und anderen Persönlichkeiten des öffentlichen Lebens auszuarbeiten.

gigantische Symbole der Sehnsucht und der Gewalt.

Die optimale Kindesmisshandlung. Aus fotografischen Puzzles von brutalem Charakter bestimmten Gruppen von Hausfrauen, Studenten und psychotischen Patienten das optimale Opfer von Kindesmisshandlungen. Das Interesse der Testpersonen konzentrierte sich dabei auf Vergewaltigungen und Napalmverbrennungen, und ein Wundprofil von maximaler sexuell stimulierender Potenz wurde erarbeitet. Trotz des Widerwillens, den die Versuchspersonen dabei einhellig bekundeten, ließ eine anschließende Untersuchung eindeutig positive Auswirkungen auf Arbeitsleistung und Allgemeinbefinden erkennen. Die günstigen Resultate, die bei geistig zurückgebliebenen Kindern durch die Behandlung mit abstoßenden Filmaufnahmen erzielt wurden, lassen ähnlich positive Auswirkungen auf das generelle Fernsehpublikum erhoffen. Diese Studien bestätigen übereinstimmend, dass nur ein psychosexuelles Modell, wie es der Vietnamkrieg darstellt, der Bevölkerung der Vereinigten Staaten die Möglichkeit gibt, mit der Umwelt in ein Verhältnis einzutreten, das allgemein mit dem Terminus »Liebe« umschrieben wird.

12

Crash!

Im leeren Kinosaal, wo er die Nachmittage zubrachte,

Der latent sexuelle Erlebnisgehalt von Autounfällen. In zahlreichen Untersuchungen wurde der latent sexuelle Appeal von Persönlichkeiten des öffentlichen Lebens analysiert, die exemplarische Opfer von Autounfällen geworden waren – z. B. James Dean, Jayne Mansfield und Albert Camus. Wochenschaufilme mit vorgetäuschten Unfällen von Politikern, Film- und Fernsehstars wurden drei Gruppen von Versuchspersonen vorgeführt: a) Hausfrauen aus städtischen Randgebieten, b) Insassen einer Irrenanstalt, c) Tankstellenpersonal. Aufnahmen von Unfallopfern bewirkten erhöhten Puls und verstärkte Atemtätigkeit. Viele Versuchspersonen steigerten sich in die Überzeugung hinein, dass die Opfer immer noch am Leben seien, und benutzten das eine oder andere während des Geschlechtsaktes mit dem häuslichen Partner als zusätzlichen Auslöser sexueller Erregung.

überließ sich Tallis immer mehr diesen endlosen Bildern

Angehörige von Unfallopfern zeigten einen ähnlichen Anstieg der sexuellen Aktivität und des allgemeinen Wohlbefindens. Die Trauerzeiten wurden entsprechend kurz gehalten. Nach einer kurzen Periode anfänglicher Zurückgezogenheit pflegten die Angehörigen die Unfallstelle aufzusuchen und den Ablauf des Unfalls in allen Einzelheiten diskret nachzuvollziehen. In extremen Fällen (2%) kam es zu spontanen Orgasmen, während die Unfallstrecke abgefahren wurde. Es mag überraschen, dass auch in Familien, die sich gerade ihren ersten Wagen angeschafft haben, ein deutlicher

Anstieg der sexuellen Aktivität zu verzeichnen ist. Anzeichen von Neurose sind in solchen Familien ebenfalls vergleichsweise selten.

von kollidierenden Autos.

Das Verhalten von Augenzeugen bei Autounfällen. Das sexuelle Verhalten von Augenzeugen bei Unfällen mit mindestens einem Toten wurde eingehend untersucht. In allen Fällen trat eine deutliche Verbesserung sowohl ehelicher wie außerehelicher Intimverhältnisse ein, verbunden mit einer größeren Toleranz gegenüber perversen Verhaltensweisen. Die 552 Augenzeugen des Attentats auf J.F. Kennedy wurden über einen längeren Zeitraum hinweg beobachtet. Bei Augenzeugen, die in der näheren Umgebung von Dealey Plaza wohnhaft waren, war ein deutlicher Anstieg der sexuellen Aktivität und des allgemeinen Wohlbefindens zu verzeichnen. Aus Polizeiberichten wird ersichtlich, dass Dealey Plaza seither wegen der Zahl der dort registrierten Sexualdelikte einen gewissen Grad von Verrufenheit erlangt hat.

In den Zeitlupensequenzen,

Pudenda von Unfallopfern. Mit fotografischen Puzzles von a) nicht mehr zu identifizierenden Unfallopfern, b) Auspuffrohren von Cadillacs, c) der Mundpartie von Jacqueline Kennedy sollten Versuchspersonen das optimale Unfallopfer bestimmen. Die imaginären Pudenda von Unfallopfern übten dabei eine besonders faszinierende Wirkung aus. Die Wahl fiel auf folgende Personen: J.F. Kennedy (75%), James Dean (15%), Jayne Mansfield (9%), Albert Camus (1%). In einem weiteren Test wurden die Versuchspersonen gebeten, die Namen von Persönlichkeiten des öffentlichen Lebens zu nennen, die ihnen als potentielle Unfallopfer am geeignetsten erschienen. Hier verteilten sich die Stimmen auf Brigitte Bardot, Prof. Barnard, Mrs. Pat Nixon und Madame Chiang.

die den Tod seiner Frau ritualisierten,

Das optimale Autounglück. Gruppen von Platzanweiserinnen, Studenten und Hausfrauen aus Familien der mittleren Einkommensschicht wurden aufgefordert, das optimale Autounglück zu bestimmen. Dabei konnte eine Auswahl aus den verschiedensten Unfallarten getroffen werden: Roll-over; Roll-over mit anschließendem Frontalzusammenstoß, Massenkarambolagen usw. An Körperhaltungen standen unter anderem zur Auswahl: a) Normalstellung (sitzend, hinter dem Lenkrad), b) Schlafstellung, auf dem Rücksitz, c) Stellungen bei Geschlechtsakten zwischen Fahrer und Passagier, d) Stellungen bei schweren Krampfzuständen. In den meisten Fällen wurde ein Unfallkomplex erstellt, der Elemente enthielt, wie sie für Autounfälle im allgemeinen nicht charakteristisch sind, so z.B. stark religiöse und sexuelle Obertöne (Opfer in bizarren Positionen, teils bestimmt durch perverse Kopulationsformen, teils entlehnt aus rituellen Opferzeremonien, z.B. mit seitlich ausgestreckten Armen wie bei einer Kreuzigung.)

sah er Erinnerungen an seine Kindheit,

Das optimale Wundprofil. Als Teil einer Beschäftigungstherapie bestimmten Patienten das optimale Wundprofil. Eine Vielzahl möglicher Wunden wurde in Betracht gezogen. Psychotische Patienten zeigten eine Vorliebe für Verletzungen an Gesicht und Hals. Tankstellenpersonal und Studenten entschieden sich vorwiegend für Unterleibsverletzungen. Im Gegensatz dazu wahlten Hausfrauen aus städtischen Randgebieten schwere genitale Verletzungen von obszöner Natur. Die Unfallarten, mit denen die einzelnen Gruppen die Verletzungen ihrer Wahl motivierten, ließen auf extreme polyperverse Obsessionen schließen.

Traumhandlungen, die selbst

Das konzeptuelle Autounglück. Den Versuchspersonen wurden – angeblich als Teil einer Hetzkampagne gegen die Autoindustrie – Filme vorgeführt, in denen eine Reihe abstruser Autounfälle zu sehen war. Bezeichnenderweise wurden diese Szenen nicht mit schallendem Gelächter quittiert; vielmehr fühlten sich die Zuschauer zu heftigen Ausfällen gegen das ärztliche Überwachungspersonal provoziert. Anschließend gezeigte Filmaufnahmen von echten Unfällen führten dagegen zu einer merklichen Beruhigung. Aus diesen und ähnlichen Untersuchungen wird deutlich, dass Freuds klassische Unterscheidung zwischen den manifesten und den latenten Inhalten der seelischen Innenwelt nunmehr auf die reale Außenwelt angewandt werden muss. Ein beherrschendes Element dieser äußeren Realität sind die Technologie und ihre Apparate. In den meisten Anwendungsbereichen fällt der Maschine eine vermittelnde oder passive Rolle zu (Telefon, Haushaltsapparaturen usw.). Das 20. Jahrhundert hat aber auch eine Art von Maschinerie entwickelt – Computer, Autopilot, thermonukleare Waffen –, deren Identität nicht einmal mehr für den Experten eindeutig zu bestimmen ist. Einen besonders geeigneten Zugang zum Verständnis dieses Identitätsproblems bietet die Untersuchung des Automobils mit seinen dominierenden Vektoren Geschwindigkeit/Aggression/Gewalt und Verlangen. Vor allem der Autounfall offenbart das prekäre Image der Maschine als konzeptualisierte Psychopathologie. Umfangreiche Untersuchungen weisen darauf hin, dass das Automobil – und besonders der Autounfall – als Auslöser für die Konzeptualisierung zahlreicher Impulse anzusehen ist, in denen die Elemente Psychopathologie, Sexualität und Todessehnsucht eine Rolle spielen.

in der scheinbaren Geborgenheit des Schlafs

Bevorzugte Todesarten. Versuchspersonen wurden aufgefordert, aus einer Liste verschiedener Todesarten diejenigen auszuwählen, die sie für sich und ihre Familien am meisten fürchteten. Es ergab sich, dass Mord und Selbstmord am meisten gefürchtet waren, gefolgt von Flugzeugkatastrophen, Ertrinken und Tod durch elektrischen Schlag. Der Tod infolge eines Autounfalls war allgemein am wenigsten gefürchtet, trotz der oft grässlichen Verstümmelungen und langanhaltenden Todesqualen, die erfahrungsgemäß mit dieser Todesart verbunden sind.

eine beklemmende Realität besaßen.

Psychologie der Unfallopfer. Das Verhalten von Unfallopfern während der Periode der Rekonvaleszenz ist eingehend untersucht worden. Bei einer Mehrheit ergab sich, dass jede unbewusste Identifizierung mit berühmten Unfallopfern wie J.F. Kennedy, Jayne Mansfield oder James Dean den Heilungsprozess merklich förderte. Obwohl viele Patienten nach wie vor angaben, den Verlust des einen oder anderen Körperteils nicht verwinden zu können (in 2% aller Fälle wurde von den Patienten wider besseres Wissen behauptet, sie hätten ihre Genitalien eingebüßt), wurde dies nicht als echter Nachteil gewertet. Es ist vielmehr klar, dass der Autounfall durchwegs nicht als destruktives, sondern als fruchtbares Erlebnis bewertet wird – als ein Freisetzen sexueller und maschineller Libido, in dem die Sexualität all derer sich vermittelt, die mit einer in jeder anderen Form undenkbaren erotischen Intensität zu Tode gekommen sind.

13

Die Generationen Amerikas

Dies sind die Generationen Amerikas.
Sirhan Sirhan erschoss Robert F. Kennedy. Und Ethel M. Kennedy erschoss Judith Birnbaum. Und Judith Birnbaum erschoss Elizabeth Bochnak. Und Elizabeth Bochnak erschoss Andrew Witwer. Und Andrew Witwer erschoss John Burlingham. Und John Burlingham erschoss Edward R. Darlington. Und Edward R. Darlington erschoss Valerie Gerry. Und Valerie Gerry erschoss Olga Giddy. Und Olga Giddy erschoss Rita Goldstein. Und Rita Goldstein erschoss Bob Monterola. Und Bob Monterola erschoss Barbara H. Nicolosi. Und Barbara H. Nicolosi erschoss Geraldine Carro. Und Geraldine Carro erschoss Jeanne Voltz. Und Jeanne Voltz erschoss Joseph P. Steiner. Und Joseph P. Steiner erschoss Donald Van Dyke. Und Donald Van Dyke erschoss Anne M. Schumacher. Und Anne M. Schumacher erschoss Ralph K. Smith. Und Ralph K. Smith erschoss Laurence J. Whitmore. Und Laurence J. Whitmore erschoss Virginia B. Adams. Und Virginia B. Adams erschoss Lynn Young. Und Lynn Young erschoss Lucille Beachy. Und Lucille Beachy erschoss John J. Concannon. Und John J. Concannon erschoss Ainslie Dinwiddie. Und Ainslie Dinwiddie erschoss Dianne Zimmerman. Und Dianne Zimmerman erschoss Gerson Zelman. Und Gerson Zelman erschoss Paula C. Dubroff. Und Paula C. Dubroff erschoss Ebbe Ebbeson. Und Ebbe Ebbeson erschoss Constance Wiley. Und Constance Wiley erschoss Milton Unger. Und Milton Unger erschoss Kenneth Sarvis. Und Kenneth Sarvis erschoss Ruth Ross. Und Ruth Ross erschoss August Muggenthaler. Und August Muggenthaler erschoss Phyllis

Malamud. Und Phyllis Malamud erschoss Josh Eppinger III. Und Josh Eppinger III. erschoss Kermit Lanser. Und Kermit Lanser erschoss Lester Bernstein. Und Lester Bernstein erschoss Frank Trippett. Und Frank Trippett erschoss Wade Greene. Und Wade Greene erschoss Kenneth Auchincloss. Und Kenneth Auchincloss erschoss Bruce Porter. Und Bruce Porter erschoss John Lake. Und John Lake erschoss John Mitchell. Und John Mitchell erschoss Kenneth L. Woodward. Und Kenneth L. Woodward erschoss Lee Smith. Und Lee Smith erschoss Arthur Cooper. Und Arthur Cooper erschoss Arthur Higbee. Und Arthur Higbee erschoss Anne M. Schlesinger. Und Anne M. Schlesinger erschoss Jonathan B. Peel. Und Jonathan B. Peel erschoss Ruth Wertham. Und Ruth Wertham erschoss David L. Shirey. Und David L. Shirey erschoss Saul Melvin. Und Saul Melvin erschoss Penelope Eakins. Und Penelope Eakins erschoss Mary K. Doris. Und Mary K. Doris erschoss Melvyn Gussow. Und Melvyn Gussow erschoss Roger De Borger. Und Roger De Borger erschoss Edward Cumberbatch. Und Edward Cumberbatch erschoss Shirlee Hoffman. Und Shirlee Hoffman erschoss Jayne Brumley. Und Jayne Brumley erschoss Joel Blocker. Und Joel Blocker erschoss George Gaal. Und George Gaal erschoss Ted Slate. Und Ted Slate erschoss Mary B. Hood. Und Mary B. Hood erschoss Laurence S. Martz. Und Laurence S. Martz erschoss Harry F. Waters. Und Harry F. Waters erschoss Archer Speers. Und Archer Speers erschoss Kelvin P. Buckley. Und Kelvin P. Buckley erschoss George Fitzgerald. Und George Fitzgerald erschoss Lew L. Callaway. Und Lew L. Callaway erschoss Gibson McCabe. Und Gibson McCabe erschoss Americo Calvo. Und Americo Calvo erschoss Francois Sully. Und Francois Sully erschoss Edward Klein. Und Edward Klein erschoss Edward Weintal. Und Edward Weintal erschoss Arleigh Burke. Und Arleigh Burke erschoss James C. Thompson. Und James C.

Thompson erschoss Alison Knowles. Und Alison Knowles erschoss Walter Hinchup. Und Walter Hin chup erschoss Pedlar Forrest. Und Pedlar Forrest erschoss Jim Gym. Und Jim Gym erschoss James McBride. Und James McBride erschoss Cyrus Partovi. Und Cyrus Partovi erschoss Lewis P. Bohler. Und James Earl Ray erschoss Martin Luther King. Und Coretta King erschoss Jacqueline Fisher. Und Jacqueline Fisher erschoss Emest Brennecke. Und Ernest Brennecke erschoss Peggy Bomba. Und Peggy Bomba erschoss Barry A. Erlich. Und Barry A. Erlich erschoss James E. Huddleston. Und James E. Huddleston erschoss Jerry Miller. Und Jerry Miller erschoss Robert Nordvall. Und Robert Nordvall erschoss William E. Harris. Und William E. Harris erschoss Marguerite Sekots. Und Marguerite Sekots erschoss Vernard Foley. Und Vernard Foley erschoss Dale C. Kisteier. Und Dale C. Kisteier erschoss Bruce Sperber. Und Bruce Sperber erschoss Kay Flaherty. Und Kay Flaherty erschoss Sol Babitz. Und Sol Babitz erschoss Richard M. Clurman. Und Richard M. Clurman erschoss Frederick Gruin. Und Frederick Gruin erschoss Edward Jackson. Und Edward Jackson erschoss Judson Gooding. Und Judson Gooding erschoss Rosemarie Zadikov. Und Rosemarie Zadikov erschoss Donald Neff. Und Donald Neff erschoss Joseph J. Kane. Und Joseph J. Kane erschoss Mark Sullivan. Und Mark Sullivan erschoss Barry Hillenbrand. Und Barry Hillenbrand erschoss Linda Young. Und Linda Young erschoss Nina Wilson. Und Nina Wilson erschoss Jack Meyes. Und Jack Meyes erschoss Arlie W. Schardt. Und Arlie W. Schardt erschoss Roger M. Williams. Und Roger M. Williams erschoss Marcia Gauger. Und Marcia Gauger erschoss Nancy Williams. Und Nancy Williams erschoss Susanne W. Washburn. Und Susanne W. Washburn erschoss Timothy Tyler. Und Timothy Tyler erschoss David C. Lee. Und David C. Lee erschoss James E. Broadhead. Und James E. Broadhead erschoss

Robert S. Anson. Und Robert S. Anson erschoss Robert Parker. Und Robert Parker erschoss Donald Birmingham. Und Donald Birmingham erschoss John Steele. Und John Steele erschoss Fortunata Vanderschmidt. Und Fortunata Vanderschmidt erschoss Stephanie Trimble. Und Stephanie Trimble erschoss Hugh Sidey. Und Hugh Sidey erschoss Edwin W. Goodpaster. Und Edwin W. Goodpaster erschoss Bonnie Angela. Und Bonnie Angela erschoss Walter Bennett. Und Walter Bennett erschoss Martha Reingold. Und Martha Reingold erschoss Lane Fortinberry. Und Laue Fortinberry erschoss Jess Cook. Und Jess Cook erschoss Kenneth Danforth. Und Kenneth Danforth erschoss Marshall Berges. Und Marshall Berges erschoss Samuel R. Iker. Und Samuel R. Iker erschoss John F. Stacks. Und John F. Stacks erschoss Paul R. Hathaway. Und Paul R. Hathaway erschoss Raissa Silverman. Und Raissa Silverman erschoss Patricia Gordon. Und Patricia Gordon erschoss Greta Davis. Und Greta Davis erschoss Harriet Bachman. Und Harriet Bachman erschoss Charles B. Wheat. Und Charles B. Wheat erschoss William Bender. Und William Bender erschoss Alan Washburn. Und Alan Washburn erschoss Julie Adams. Und Julie Adams erschoss Susan Saner. Und Susan Saner erschoss Richard Burgheim. Und Richard Burgheim erschoss Larry Still. Und Larry Still erschoss Alten L. Clingen. Und Alten L. Clingen erschoss Jerry Kirshenbaum. Und Lee Harvey Oswald erschoss John F. Kennedy. Und Jacqueline Kennedy erschoss Mark S. Goodman. Und Mark S. Goodman erschoss Beverley Davis. Und Beverley Davis erschoss James Willwerth. Und James Willwerth erschoss John J. Austin. Und John J. Austin erschoss Nancy Jalet. Und Nancy Jalet erschoss Leah Shanks. Und Leah Shanks erschoss Christopher Porterfield. Und Christopher Porterfield erschoss Edward Hughes. Und Edward Hughes erschoss Madeleine Berry. Und Madeleine Berry erschoss Hilary Newman. Und Hilary

Newman erschoss James A. Linen. Und James A. Linen erschoss James Keogh. Und James Keogh erschoss Putney Westerfield. Und Putney Wester field erschoss Oliver S. Moore. Und Oliver S. Moore erschoss James Wilde. Und James Wilde erschoss John T. Elson. Und John T. Elson erschoss Rosemary Funger. Und Rosemary Funger erschoss Piri Halasz. Und Piri Halasz erschoss William Mader. Und William Mader erschoss John Larsen. Und John Larsen erschoss Joy Howden. Und Joy Howden erschoss Andria Hourwich. Und Andria Hourwich erschoss Betty Sukyer. Und Betty Sukyer erschoss Ingrid Krosch. Und Ingrid Krosch erschoss John Koffend. Und John Koffend erschoss Rodney Sheppard. Und Rodney Sheppard erschoss Ruth Brine. Und Ruth Brine erschoss Judy Mitnick. Und Judy Mitnick erschoss Paul Hathaway. Und Paul Hathaway erschoss Manon Gaulin. Und Manon Gaulin erschoss Katherine Prager. Und Katherine Prager erschoss Marie Gibbons. Und Marie Gibbons erschoss James E. Broadhead. Und James E. Broadhead erschoss Philip Stacks. Und Philip Stacks erschoss Peter Babcox. Und Peter Babcox erschoss Christopher T. Cory. Und Christopher T. Cory erschoss Erwin Edleman. Und Erwin Edleman erschoss William Forbis. Und William Forbis erschoss Ingrid Carroll.

14

Warum ich Ronald Reagan ficken möchte

Bei diesen Attentatsfantasien

Ronald Reagan und das konzeptuelle Autounglück. An paretischen Patienten wurden zahlreiche Untersuchungen durchgeführt, in denen Ronald Reagan in einer Reihe von simulierten Autounfällen erschien – z.B. in Massenkarambolagen, Frontalzusammenstößen usw. Dabei zeigten die Patienten ein starkes Interesse an imaginären Anschlägen auf das Leben des Präsidenten und eine deutlich polymorphe Fixierung auf Windschutzscheiben und rückwärtige Wagenpartien. Das Image des Präsidentschaftskandidaten löste starke erotische Fantasien von anal-sadistischem Charakter aus. Die Patienten wurden dazu angehalten, ein optimales Unfallopfer zu konstruieren, indem sie Nachbildungen von Reagans Kopf auf Fotografien von Unfallopfern montierten. In 82% aller Fälle wurden schwere Auffahrunfälle, in Verbindung mit fäkalen Ausscheidungen und rektalen Blutungen, gewählt. In zusätzlichen Tests wurde das optimale Baujahr bestimmt. Es ergab sich, dass ein mindestens 3 Jahre altes Modell in Verbindung mit Opfern im Kindesalter maximalen Lustgewinn verschaffte (ein Ergebnis, das durch Untersuchungen zur Frage des idealen Autounfalls von Seiten der Autoindustrie bestätigt wird). Es wird erwartet, dass ein rektales Modul aus den Komponenten »Reagan« und »Autounfall« einen maximalen Erregungszustand der Zuschauer garantieren wird.

beschäftigten Tallis immer stärker

Filmstudien von Ronald Reagan offenbaren ein charakteristisches Erscheinungsbild von Gesichtstonus und -muskulatur, wie es im Allgemeinen für homoerotisches Verhalten typisch ist. Die anhaltend gespannten bukkalen Schließmuskeln und die rezessive Zungenrolle stimmen zu den Befunden früherer Untersuchungen über das Phänomen der Gesichtsstarre (vgl. Adolf Hitler, Nixon). In Zeitlupe abgespielte Filmaufnahmen von Wahlreden übten auf spastische Kinder eine stark erotische Wirkung aus. Wenn man die Wahlreden durch unterlegte Tonbänder ersetzte, in denen diametral entgegengesetzte Äußerungen gemacht wurden, stellte sich heraus, dass das verbale Material auf Erwachsene nur eine minimale Wirkung ausübte. Parallel abgespielte Filme mit rektalen Bildern führten zu einer starken Intensivierung von antisemitischen Gefühlen und KZ-Fantasien (vgl. anal-sadistische Fantasien durch rektale Stimulierung bei seelisch geschädigten Kindern).

die Pudenda des Präsidentschaftskandidaten,

Orgasmus als Folge einer imaginären geschlechtlichen Vereinigung mit Ronald Reagan. Die Patienten arbeiteten mit fotografischen Puzzles von Partnern beim Geschlechtsakt. In allen Fällen wurde das Gesicht des Originalpartners durch das von Reagan ersetzt. Vaginaler Verkehr mit Reagan erwies sich durchgehend als enttäuschend und führte nur in 2% aller Fälle zum Orgasmus. Geschlechtliches Eindringen in andere Körperöffnungen (axillär, bukkal, aural, Nabel, Augenhöhlen) führten nur annäherungsweise zu Erektionen. Rektales Eindringen wurde von der überwältigenden Mehrheit vorgezogen. Nach der Teilnahme an einem Anatomiekurs äußerten sich die Patienten auch zufrieden über die Erregungszustände, die von Blinddarm und Dickdarm ausgelöst wurden. Ein Extrem stellen die 12% der Fälle dar, in denen der durch eine Dickdarmoperation geschaffene künstliche Anus bei 98% aller Versuche einen spontanen Orgasmus bewirkte. Ferner wurden mehrspurige Filmstreifen hergestellt, die Reagan beim Geschlechtsakt zeigten: a) bei Wahlveranstaltungen, b) bei Auffahrunfällen (abwechselnd mit 1 und 3 Jahre alten Modellen), c) beim geschlechtlichen Eindringen in das Auspuffrohr eines Cadillacs, d) beim Verkehr mit misshandelten vietnamesischen Kindern.

die ihm tausende von Bildschirmen suggerierten.

Sexuelle Fantasien in Verbindung mit Ronald Reagan. Die Genitalien des Präsidentschaftskandidaten übten eine fortdauernde Faszination aus. Eine Reihe imaginärer Genitalien wurde konstruiert aus a) Teilen des Mundes von Jacqueline Kennedy, b) dem Auspuffrohr eines Cadillacs, c) einer Nachbildung der Nasenflügel von Präsident Johnson, d) einem kindlichen Opfer eines Notzuchtverbrechens. In 89% aller Fälle provozierten diese Genitalien masturbatorische Orgasmen. Aus diesen Tests ergibt sich also, dass das körperliche Erscheinungsbild des Präsidentschaftskandidaten masturbatorischer Natur ist. Puppenfiguren aus Plastikmodellen von Reagans Genitalien hatten auf seelisch geschädigte Kinder eine nachteilige Wirkung.

Die Filmstudien von Ronald Reagan

Reagans Frisur. Anhand entsprechender Untersuchungen sollte festgestellt werden, aus welchem Grund die Haartracht des Präsidentschaftskandidaten eine derartige Faszination ausstrahlt. 65% der männlichen Versuchspersonen stellten eine positive Verbindung mit ihrem Schamhaar her. Daraufhin wurde eine Serie optimaler Haartrachten erarbeitet.

ergaben ein Schema des konzeptuellen Orgasmus,

Reagans konzeptuelle Rolle. Aus Reagans typischen Filmposen wurden Psychodramamodelle entworfen, in denen er in der Rolle von Ehemann, Arzt, Versicherungsvertreter, Eheberater usw. erscheint. Aus der Tatsache, dass sich diese Rollen in seinem Fall als durchwegs nichtssagend erwiesen, ergibt sich, dass der Rollencharakter Reagans völlig funktionslos ist. Dass Reagan trotzdem solchen Erfolg hat, kann als Ausdruck des periodisch auftretenden Bedürfnisses der Gesellschaft gelten, die Rollen ihrer politischen Führer einmal unter völlig neuartigen Gesichtspunkten zu sehen. Reagan erscheint dabei als eine Art elementare Gleichung, in der sich die aggressiven und analen Wesenszüge neu formulieren lassen.

eine einzigartige Ontologie der Gewalt und der Katastrophe.

Reagans Persönlichkeit. Die unmissverständlich anale Ausstrahlung des Präsidentschaftskandidaten dürfte im gesellschaftlichen Leben der Vereinigten Staaten auf Jahre hinaus dominieren. Im Gegensatz dazu ist J.F. Kennedy immer der Prototyp des oralen Objekts gewesen, und zwar vorwiegend auf das vorpubertäre Stadium bezogen. In weiteren Tests wurde sadistisch veranlagten Psychopathen die Aufgabe gestellt, sexuelle Wunschvorstellungen in Verbindung mit Reagan zu artikulieren. Aus den Resultaten lässt sich mit ziemlicher Sicherheit entnehmen, dass die Persönlichkeit eines Präsidenten vorwiegend unter genitalen Gesichtspunkten gesehen wird. Das Gesicht des L.B. Johnson hat eine ganz eindeutig genitale Ausstrahlung (Form der Nase, des Kinns usw.). Manche Gesichter (J.F.K., Chruschtschow) wurden als beschnitten, andere (L.B.J., Adenauer) als nicht beschnitten gesehen. In Puzzletests wurde Reagans Gesicht allgemein mit einem erigierten

Penis in Beziehung gebracht. Die Patienten wurden daraufhin aufgefordert, den optimalen Sextod des Ronald Reagan zu bestimmen.

15

Das Attentat auf John Fitzgerald Kennedy unter dem Aspekt eines Autorennens betrachtet

Anmerkung des Autors. *Das Attentat auf Präsident Kennedy hat zahlreiche Fragen aufgeworfen, von denen die Warren-Kommission in ihrem Bericht nur einen Teil zufriedenstellend beantwortet hat. Von einer weniger konventionellen Betrachtungsweise jener tragischen Ereignisse dürfte vielleicht eher eine befriedigende Erklärung zu erwarten sein. Einen besonders wertvollen Hinweis in diesem Zusammenhang liefert uns Alfred Jarrys Text: »Die Kreuzigung, als Bergprüfung bei einem Radrennen gesehen.«*

Oswald fungierte als Starter.

Von seinem erhöhten Fensterplatz aus feuerte er den Startschuss ab. Man nimmt an, dass dieser erste Schuss nicht von allen Fahrern gehört wurde. In der folgenden Verwirrung gab Oswald zwei weitere Schüsse ab, doch das Rennen war bereits in vollem Gang.

Kennedy erwischte einen schlechten Start.

Sein Wagen, in dem sich ein Gouverneur befand, fuhr zunächst mit einer gleichbleibenden Geschwindigkeit von etwa 15 Meilen pro Stunde. Doch schon nach wenigen Augenblicken fiel der Gouverneur aus und der Wagen beschleunigte auf eine hohe Geschwindigkeit, die er für den Rest der Strecke beibehielt.

Die auswärtigen Teams. Wegen der Bedeutung dieses ersten Rennens für Standardmodelle in den Straßen von Dallas nahmen sowohl der Präsident wie der Vizepräsident daran teil. Vizepräsident

Johnson hatte in der Aufstellung am Start eine Position hinter Kennedy. Das besondere Interesse der Zuschauer galt der heimlichen Rivalität zwischen den beiden Männern. Die Mehrheit unterstützte den einheimischen Fahrer Johnson.

Der Start erfolgte vor dem Texas Book Depository. Dort wurden auch alle Wetten für das Präsidentschaftsrennen registriert. Kennedy war bei den einheimischen Zuschauern äußerst unbeliebt und viele von ihnen trugen ihre feindselige Haltung offen zur Schau. Eine bedauerliche Folge davon ist jener uns allen bekannte Zwischenfall.

Vom Book Depository aus führte die Strecke leicht bergab, unter einer Unterführung hindurch, zum Parkland Hospital und von dort zum Love Air Field. Die Strecke gilt in Fachkreisen als äußerst tückisch und wird an Gefährlichkeit nur noch von der Sarajewo-Strecke übertroffen, auf der allerdings seit 1914 keine Rennen mehr ausgetragen werden. Mit Kennedy ging es schnell bergab. Nach dem Ausfall des Gouverneurs schoss der Wagen jäh nach vorn. Dadurch alarmiert, versuchte ein Angestellter der Rennleitung, über das Heck des Wagens auf den Rücksitz zu klettern. Der Wagen raste mit hoher Geschwindigkeit davon und ging auf zwei Rädern in die Kurven.

Kurven. Kennedy wurde im Hospital disqualifiziert, nachdem es ihm nicht mehr gelungen war, die letzte Kurve zu nehmen. Johnson übernahm jetzt die Führung und behielt sie auch bis ins Ziel.

Die Flagge. Als sichtbares Zeichen dafür, dass der Präsident selbst am Rennen teilnahm, wurde anstelle der üblichen Zielflagge das Sternenbanner verwendet. Johnsons Pose, als er nach sieg-

reicher Beendigung des Rennens seinen Preis in Empfang nahm, beweist, dass er von vornherein darauf aus war, die Flagge zu einem Memento seines Sieges zu machen. Bis dahin hatte sich Johnson mit einer zweitrangigen Position zufriedengeben müssen, die auch durch seinen Platz hinter dem Präsidenten bei der Startaufstellung unterstrichen wird. Bereits in der allgemeinen Verwirrung während des Fehlstarts hatte er versucht, sich gegenüber Kennedy einen Vorteil zu verschaffen. Dies wurde jedoch durch das beherzte Eingreifen eines Angestellten der Rennleitung zunichte gemacht, der ihn zu Boden warf und für Augenblicke unter sich begrub.
Hinsichtlich der unerwarteten Störung gleich zu Beginn des Rennens, die dazu führte, dass Kennedy trotz seiner aus früheren Rennen bekannten Hochform in der Hospital-Kehre zum Ausscheiden gezwungen wurde, ist verschiedentlich die Ansicht geäußert worden, die gegen ihn eingestellte Menge der Einheimischen habe in jedem Fall sein vorzeitiges Ausscheiden erzwingen wollen, um den Sieg des Fahrers Johnson sicherzustellen. Eine andere Theorie besagt, dass die zur Sicherung der Rennstrecke eingeteilten Polizeibeamten mit dem Starter Oswald unter einer Decke steckten.

Johnson hatte ganz sicher nicht damit gerechnet, das Rennen auf diese Art zu gewinnen. Er brauchte kein einziges Mal an die Boxen zu fahren. Verschiedene Aspekte des Rennens sind bis heute rätselhaft geblieben; so z.B. die Tatsache, dass der Präsident seine Gattin mitfahren ließ – ein für einen Rennfahrer zumindest ungewöhnliches Verhalten. Kennedy mag allerdings darauf bestanden haben, dass er als Lenker des Staatsschiffes auch die Privilegien eines Kapitäns für sich in Anspruch nehmen konnte.

Die Warren-Kommission. Im offiziellen Bericht über das Rennen wurde die Schuldfrage auf den größten gemeinsamen Nenner gebracht. Als Antwort auf die zahlreichen Beschwerden über Schiebung und andere Regelverstöße wurde dem Starter Oswald die alleinige Schuld in die Schuhe geschoben. Zweifellos hat Oswald einen folgenschweren Fehlstart verursacht. Eine Frage bleibt jedoch nach wie vor offen: Wer gab ihm das Gewehr in die Hand, mit dem er den Startschuss abfeuerte?

Hommage à Abraham Zapruder: An welcher Stelle überschneiden sich die Ebenen dieser Gesichter und die Spalte zwischen Jacqueline Kennedys Brüsten auf solche Weise, dass ein verlässliches Bild von den glasigen Augen Chiang Kai-sheks entsteht, ein Plan für die Invasion der dem Festland vorgelagerten Inseln?

Editorische Notiz. Die hier vorliegende Ausgabe gibt den bereits 1970, also im Jahr des Erscheinens der englischen Originalpublikation, von Carl Weissner übersetzten Text unter dem im Melzer Verlag gewählten Titel wieder und versteht sich als Leseausgabe des auf vielen Ebenen bis heute wohl herausforderndsten Texts Ballards in der noch heute gültigen Übersetzung. Der Text wurde lediglich zurückhaltend durchgesehen und an die aktuelle Orthographie angepasst.

Wer eine vertiefte Lektüre entlang des englischen Originals unternehmen möchte, dem sei zu der bei Fourth Estate, London 2014, wiederaufgelegten Ausgabe von *The Atrocity Exhibition* geraten, welche ausführliche Kommentare von JG Ballard selbst sowie Einblicke in die Textentstehung und in die von Zensur und Titeländerungen geprägte Editionsgeschichte gibt.

INHALT

JG Ballard bei DIAPHANES

High-Rise

Übersetzt von Michael Koseler

Broschur, 256 Seiten, € 17.95

Betoninsel

Übersetzt von Herbert Genzmer

Broschur, 176 Seiten, € 15.-

Millennium People

Übersetzt von Jan Bender

Broschur, 352 Seiten, € 20.-

Das Reich kommt

Übersetzt von Eike Schönfeld

Broschur, 368 Seiten, € 20.-

Crash

Übersetzt von Sabine Schulz

Broschur, 240 Seiten, € 17.50

Titel der englischen Originalausgabe
The Atrocity Exhibition

1. Auflage 2020

www.diaphanes.net

Satz und Layout: 2edit, Zürich
Druck: Steinmeier, Deiningen
ISBN 978-3-0358-0272-6